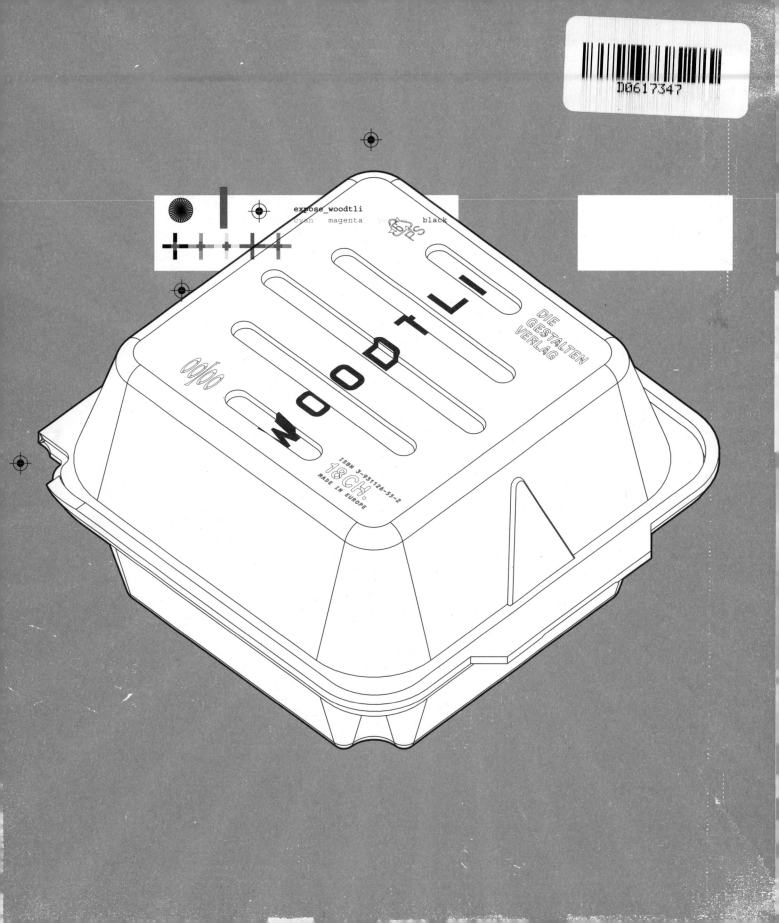

expose_woodtli
cyan   magenta   black

WOODTLI

DIE
GESTALTEN
VERLAG

ISBN 3-931126-55-2
18CH°
MADE IN EUROPE

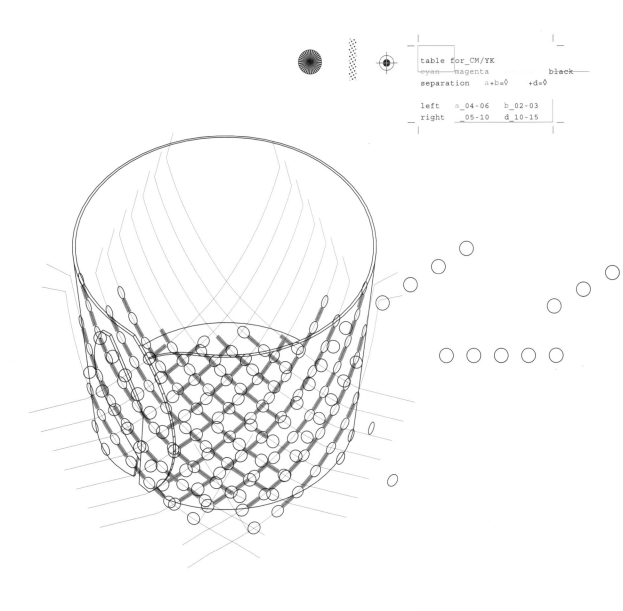

table for_CM/YK

cyan   magenta   black

separation   a+b=◊   +d=◊

left   a_04-06   b_02-03
right   _05-10   d_10-15

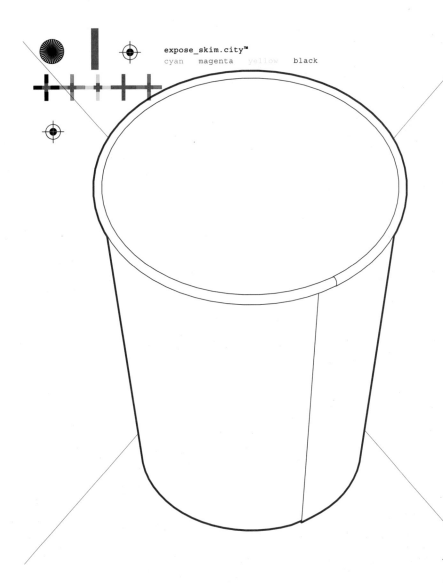

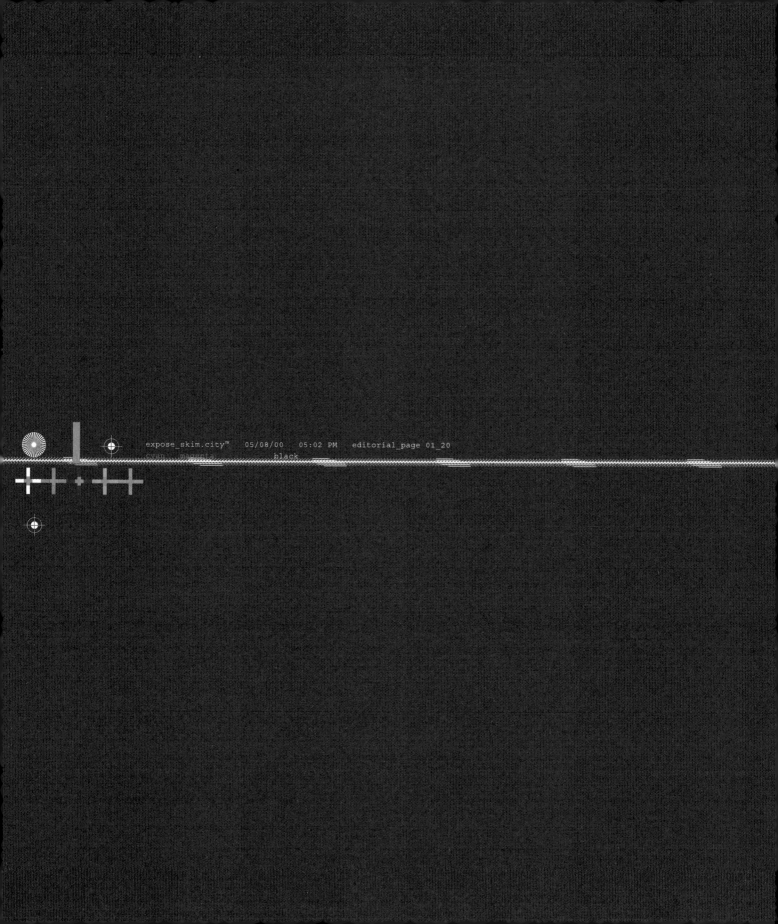

```
64K RAM SYSTEM  00003 B
SCANNER INSTALLED SUCCESS
INITALIZING SKIN.000W000'
PRIMARY IDE: MASTER 000
SECONDARY IDE: SLAVE 001

READY.
```

IC PAGES FREE

LLY!

IURWEIDEROOO

```
64K RAM SYSTEM  00009 B?
SCANNER INSTALLED SUCCESS
INITIALIZING SKIM.QUANTUM
PRIMARY IDE:MASTER 000
SECONDARY IDE:SLAVE 001

READY.
LOAD"SKIM.CITY",1,5,00

READY.
RUN
```

⚠ "the skim.heads™ are strange thin
bad habits."

th

olice

```
PRIMARY IDE:MASTER 000
SECONDARY IDE:SLAVE 001


READY.
LOAD"SKIN.CITY",1,5,00


READY.
RUN


READY.
LOAD"SKIN.HST.EXE",1,5,00


READY.
RUN
```

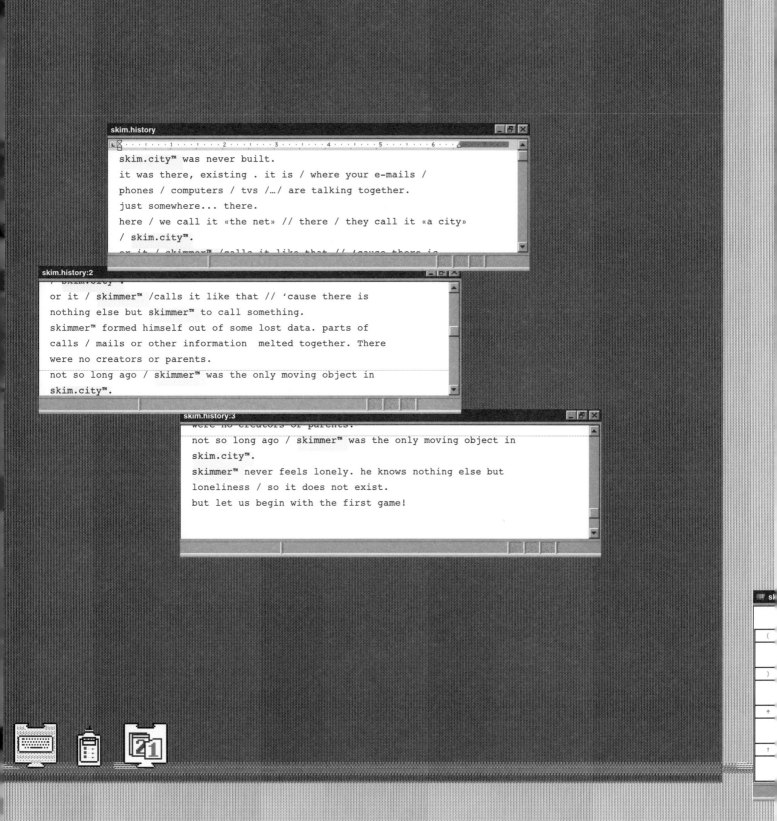

skim.history

skim.city™ was never built.

it was there, existing . it is / where your e-mails /

phones / computers / tvs /…/ are talking together.

just somewhere... there.

here / we call it «the net» // there / they call it «a city»

/ skim.city™.

skim.history:2

or it / skimmer™ /calls it like that // 'cause there is

nothing else but skimmer™ to call something.

skimmer™ formed himself out of some lost data. parts of

calls / mails or other information melted together. There

were no creators or parents.

not so long ago / skimmer™ was the only moving object in

skim.city™.

skim.history:3

not so long ago / skimmer™ was the only moving object in

skim.city™.

skimmer™ never feels lonely. he knows nothing else but

loneliness / so it does not exist.

but let us begin with the first game!

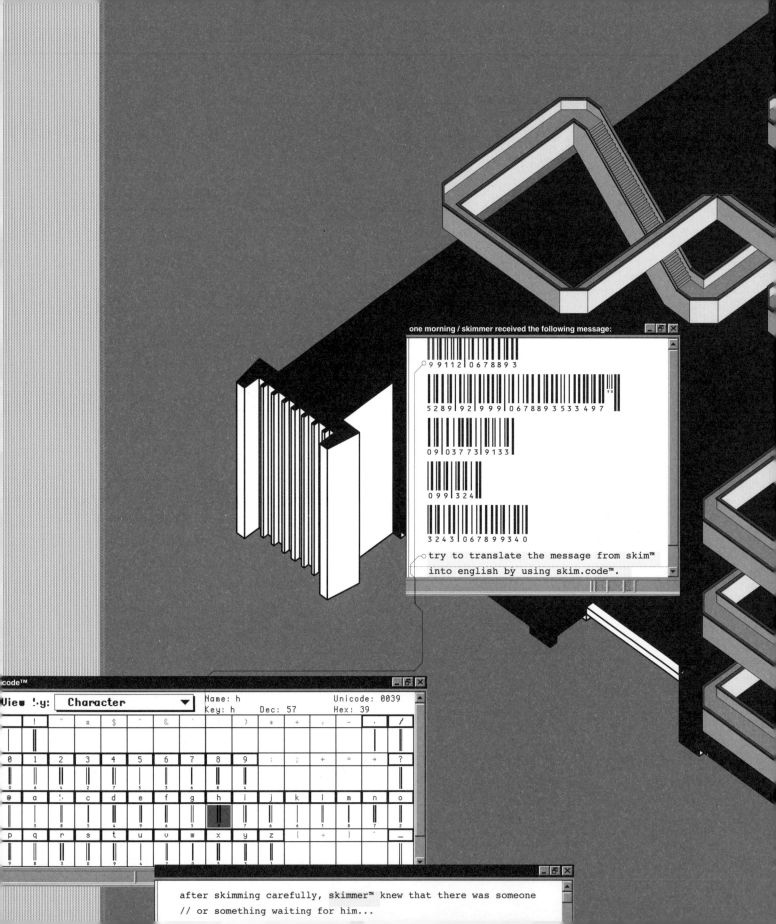

one morning / skimmer received the following message:

try to translate the message from skim™ into english by using skim.code™.

code™

View by: Character   Name: h   Unicode: 0039
          Key: h   Dec: 57   Hex: 39

after skimming carefully, skimmer™ knew that there was someone
// or something waiting for him...

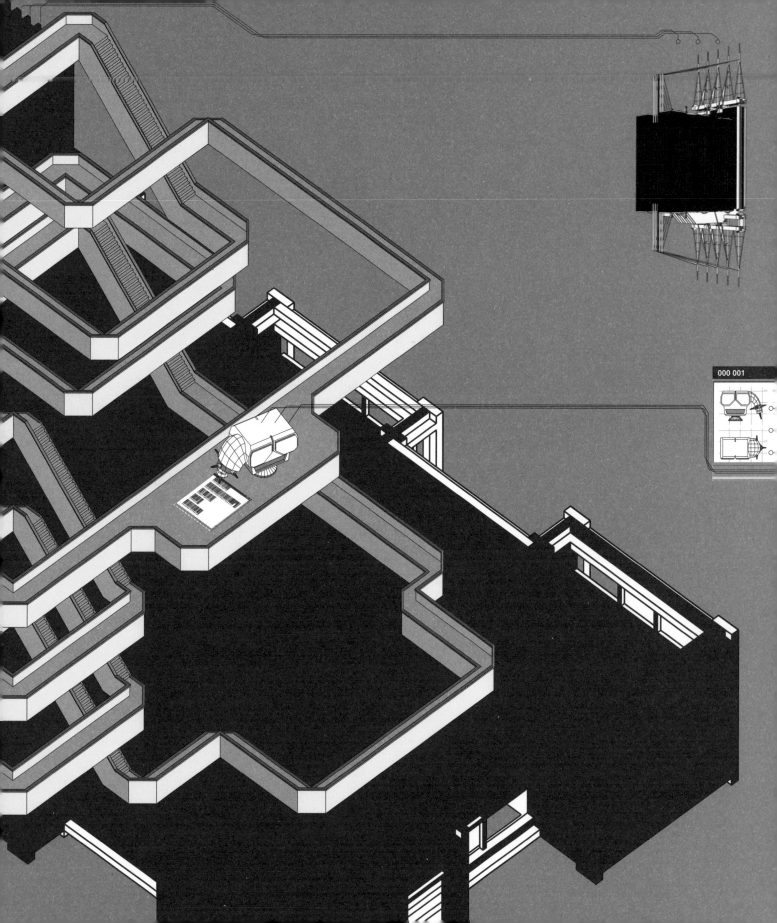

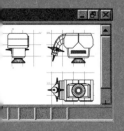

any suggestions for a translation to usa.rules@skim.com)
diese hochpsychologischen fragen basieren alle auf der
gleichen grunderkenntnis. finde sie heraus / verbinde die
silben und sieh / wer skimmer den brief gesendet hat...

:   was geschieht nach einer längeren beziehung?
         was intensiviert gewählte beziehungen?
         weswegen interessiert dich neues?

you are here

63.53%

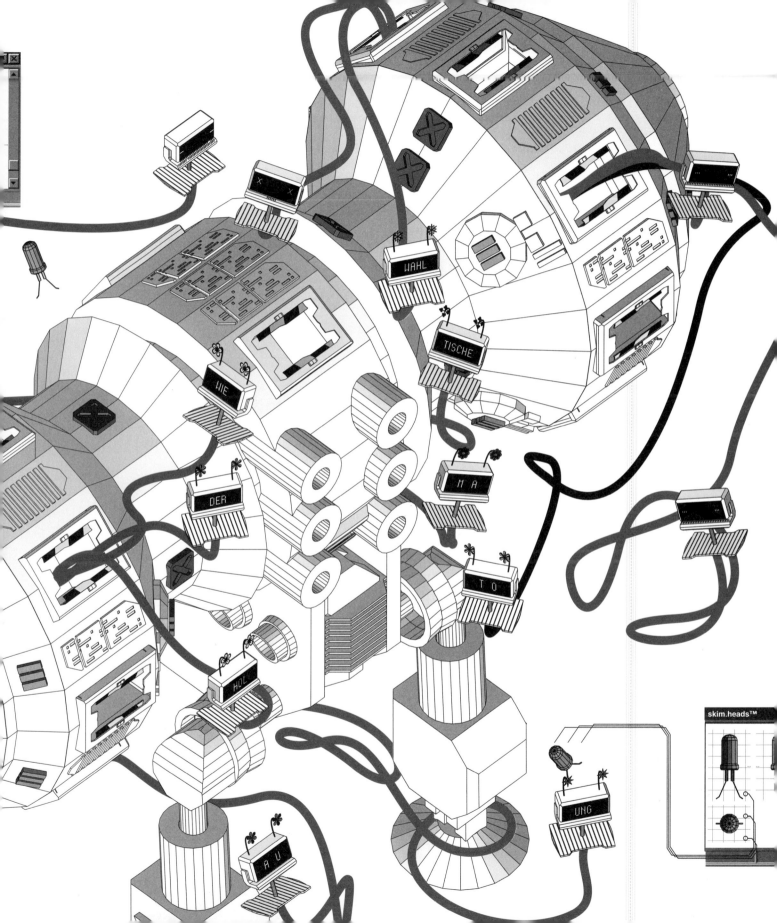

skim.heads™

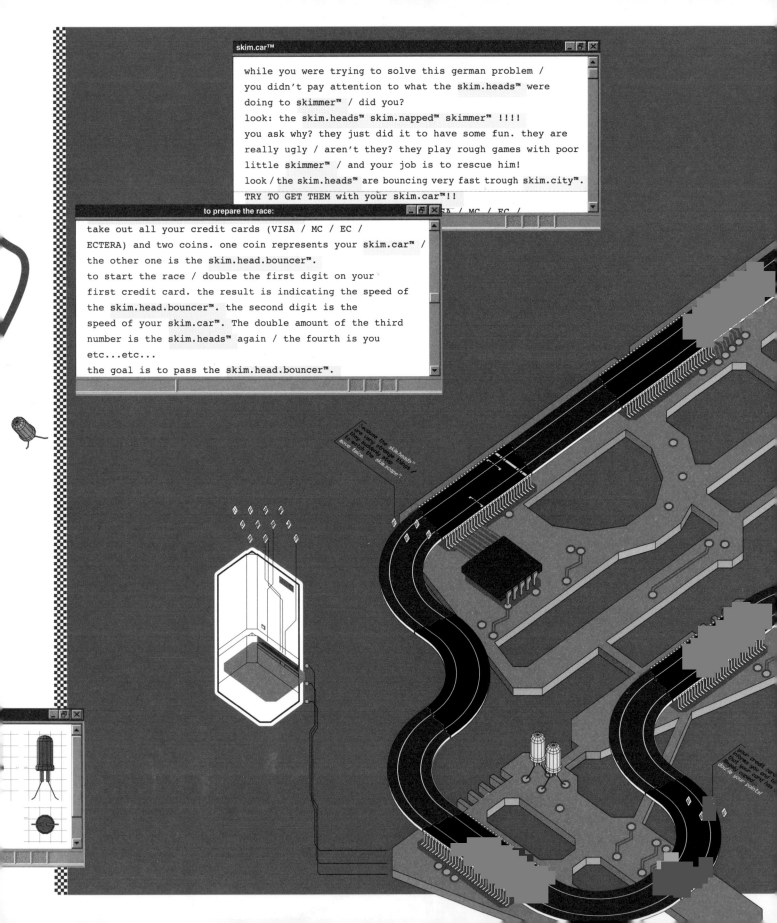

skim.car™

while you were trying to solve this german problem /
you didn't pay attention to what the skim.heads™ were
doing to skimmer™ / did you?
look: the skim.heads™ skim.napped™ skimmer™ !!!!
you ask why? they just did it to have some fun. they are
really ugly / aren't they? they play rough games with poor
little skimmer™ / and your job is to rescue him!
look / the skim.heads™ are bouncing very fast trough skim.city™.
TRY TO GET THEM with your skim.car™!!

to prepare the race:

take out all your credit cards (VISA / MC / EC /
ECTERA) and two coins. one coin represents your skim.car™ /
the other one is the skim.head.bouncer™.
to start the race / double the first digit on your
first credit card. the result is indicating the speed of
the skim.head.bouncer™. the second digit is the
speed of your skim.car™. The double amount of the third
number is the skim.heads™ again / the fourth is you
etc...etc...
the goal is to pass the skim.head.bouncer™.

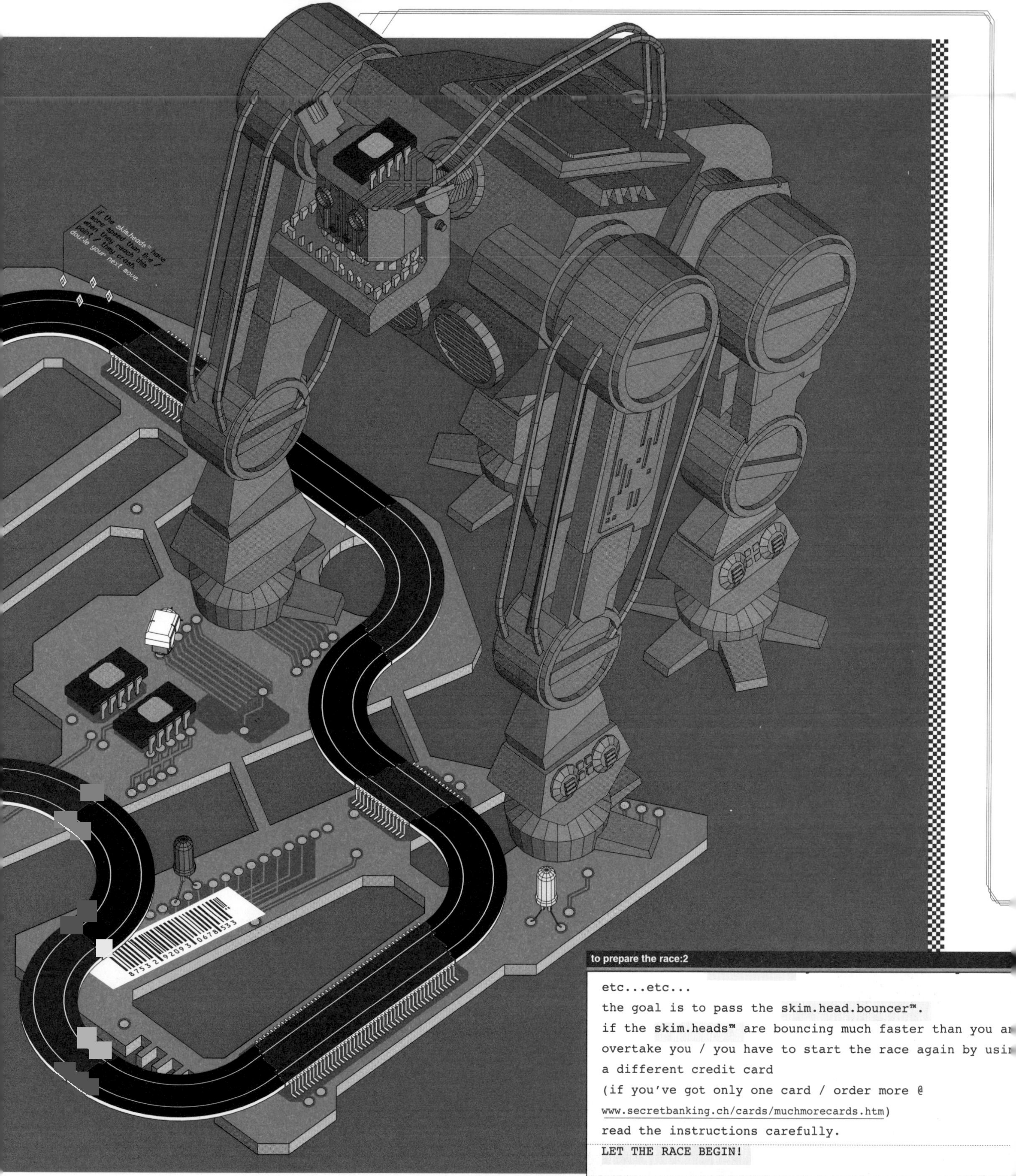

if the skim.heads™ have
bounced more than once /
when they reach the /
finish / then double
double your next move.

to prepare the race:2

etc...etc...

the goal is to pass the skim.head.bouncer™.

if the skim.heads™ are bouncing much faster than you a

overtake you / you have to start the race again by usi

a different credit card

(if you've got only one card / order more @

www.secretbanking.ch/cards/muchmorecards.htm)

read the instructions carefully.

LET THE RACE BEGIN!

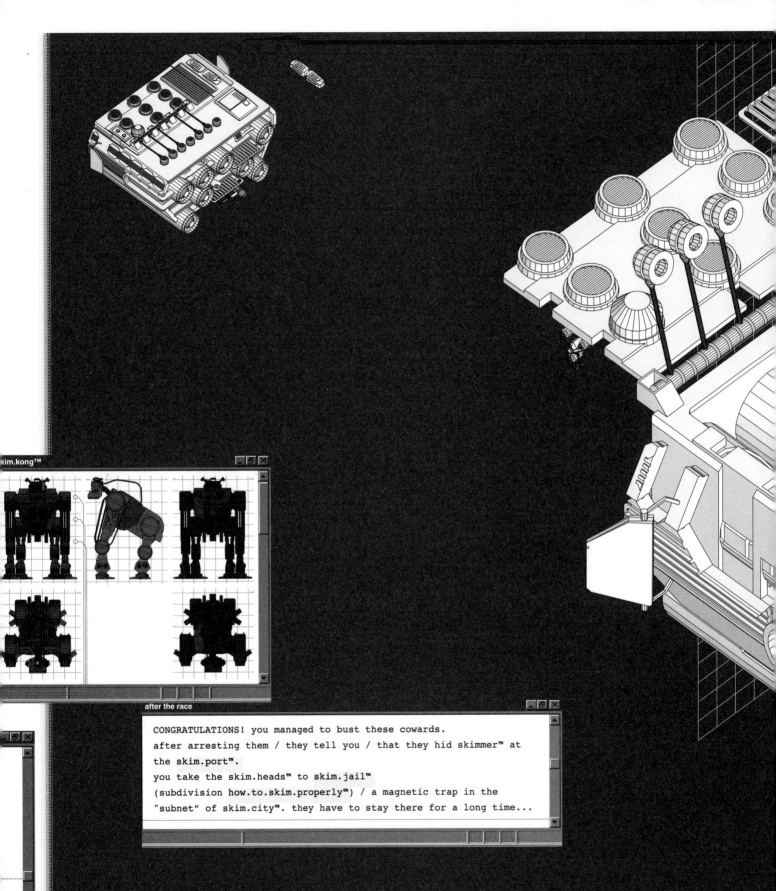

xim.kong™

after the race

CONGRATULATIONS! you managed to bust these cowards.
after arresting them / they tell you / that they hid skimmer™ at
the skim.port™.
you take the skim.heads™ to skim.jail™
(subdivision how.to.skim.properly™) / a magnetic trap in the
"subnet" of skim.city™. they have to stay there for a long time...

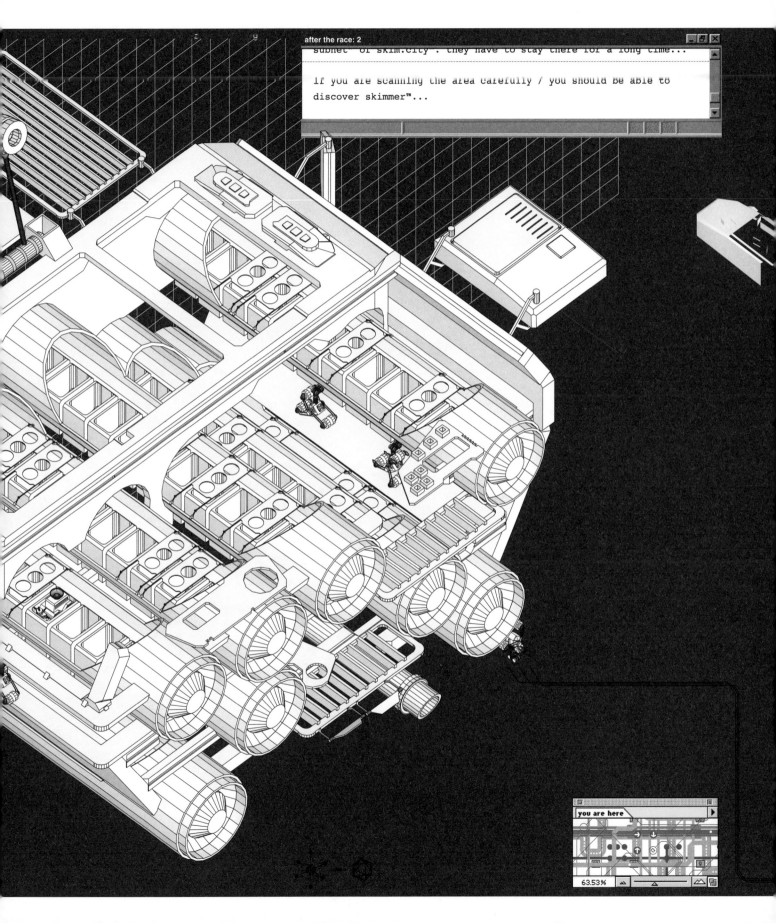

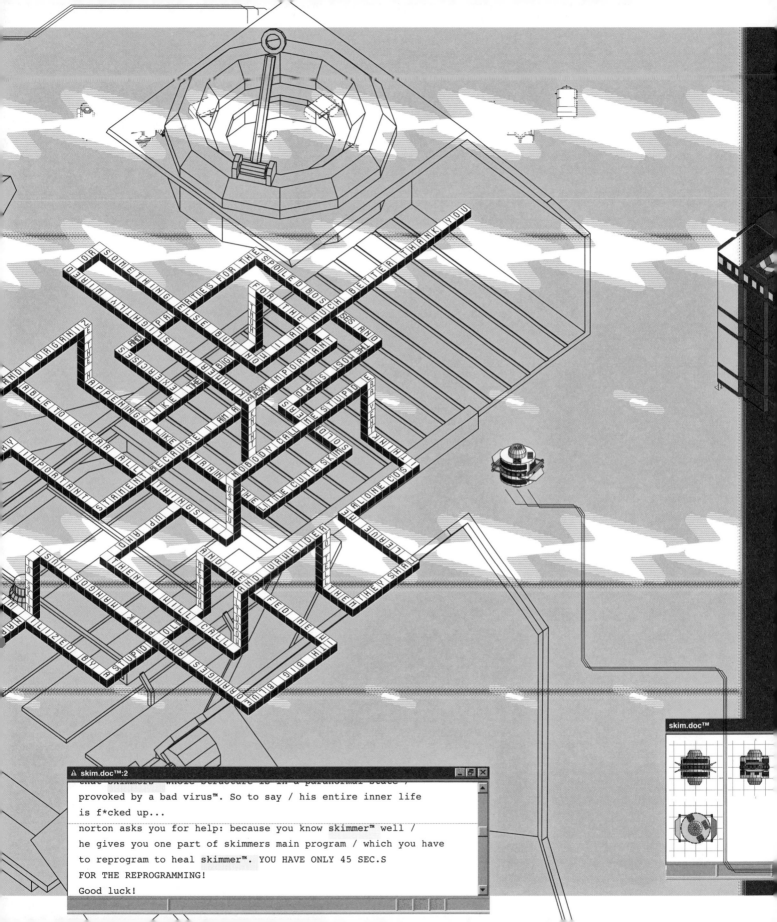

the end:

«skimmer / can you hear me?»

«yes! thank you very much! / now / i have found a friend!»

«i hear wonderful music!»

«me too! that's friendship / you know...»

«yes skimmer / we are friends now.»

«i never wanna be alone anymore! if you leave now skim.city now/
please contact me sometimes! i'll give you my secret code /
so we can stay in contact»

the end:2

so we can stay in contact."

<u>000 001@skim.com</u>

«thank you! i really want to tell you how it is in my world.
you know / it's not very different from yours»

«but sure / it is interesting for me / because i care for you»

«i care for you / too / skimmer...»

THE END

you are here ▶

❤

63.53%

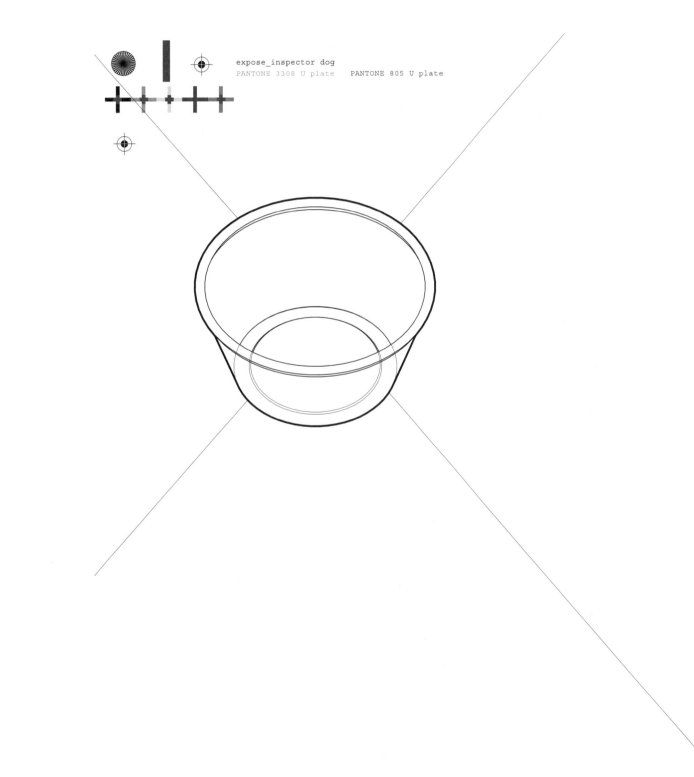

expose_inspector dog
PANTONE 3308 U plate   PANTONE 805 U plate

Müssiggang ist aller Laster Anfang, und Arbeit aller Laster Ende.

expose_inspector.dog   08/24/97   09:52 PM   booklet_cover/backside/page 01_04
PANTONE 3308 U plate_02   PANTONE 805 U plate_01

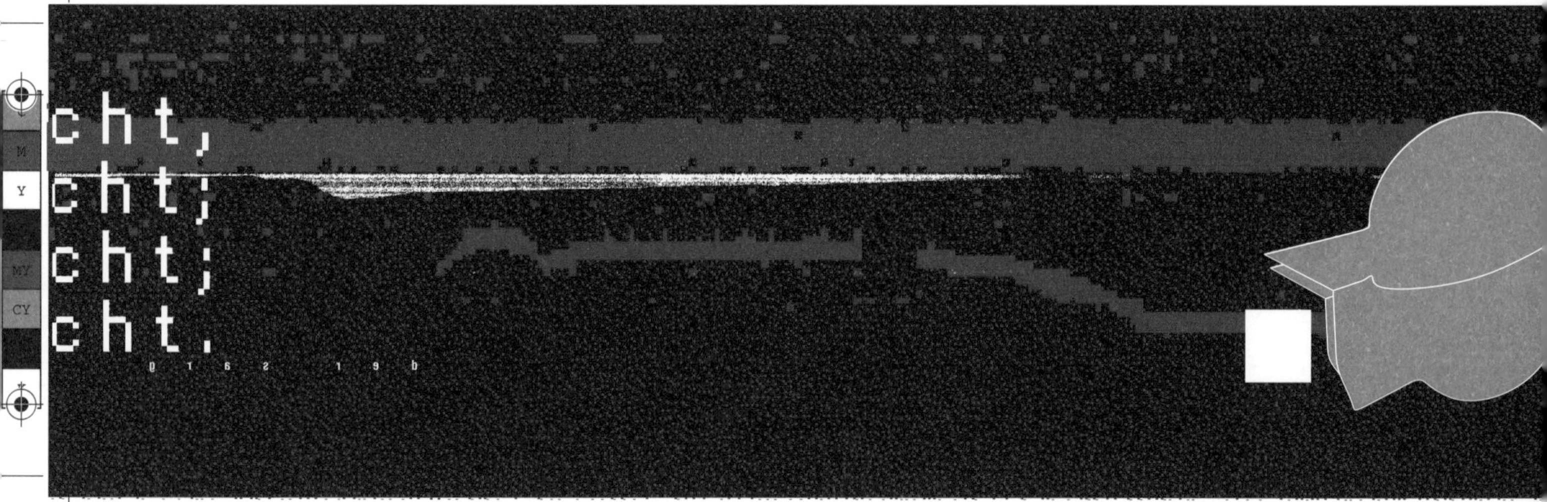

Der es macht, der will es nic
der es kauft, der braucht es nic
der es trägt, behält es nic
der es hat, der weiss es nic

DAS KRIMICAL
ZUR VORSPEISE MORD

05.09.	19.30h	premiere inkl. 3-gang-menu
06.09.	19.30h	vorstellung inkl. 3-gang-menu (ausverkauft)
10.09.	20.30h	vorstellung (ohne essen)
12.09.	19.30h	vorstellung inkl. 3-gang-menu (ausverkauft)
13.09.	19.30h	vorstellung inkl. 3-gang-menu
17.09.	20.30h	vorstellung (ohne essen)
19.09.	19.30h	vorstellung inkl. 3-gang-menu
20.09.	19.30h	vorstellung inkl. 3-gang-menu

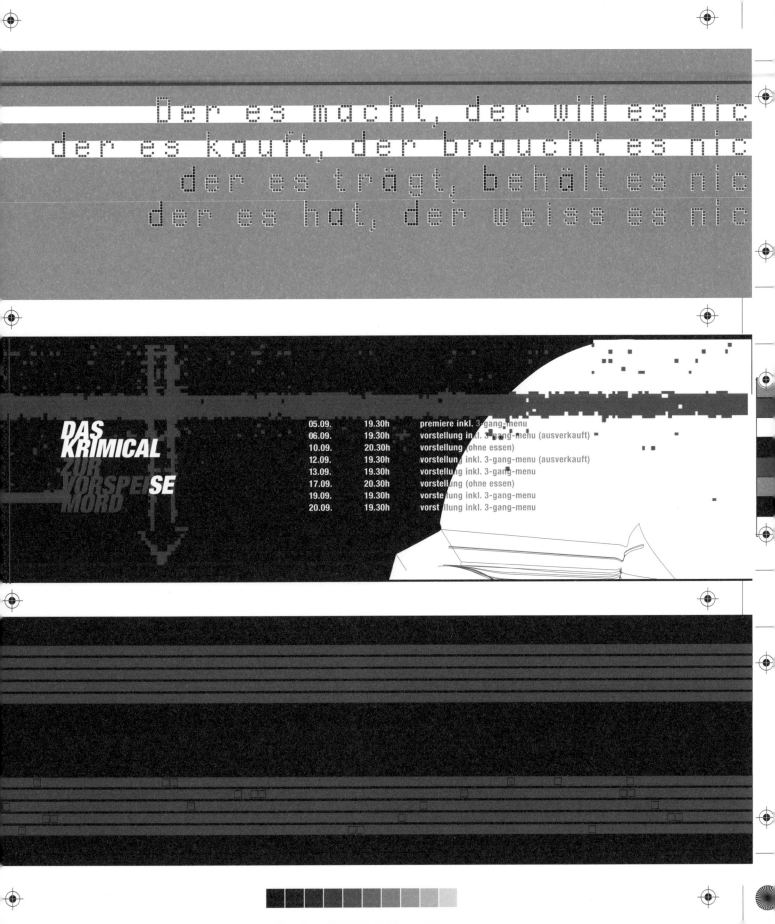

Sherlock

125 Jahre Sherlock Holmes Verein

Die Kindheit Holmes ist, wie die Shakespeares, in Dunkelheit und Geheimnis gehüllt. Wie ewig schade ist es, dass den Ahnen solch eines Mannes kein prophetischer Engel erscheint, um sie darauf hinzuweisen, dass das wesenlose Kindlein dort im Stall zu einem ruhmreichen Leben auserkoren sei.

Von den Tagen vor der Begründung der grössten Partnerschaft der Literaturgeschichte wissen wir jedoch fraglos einiges Genauer. Es war an einem Sommerabend, nach dem Tee, als Holmes zum ersten Mal über sich und Watson zu sprechen anhub. Vielleicht legte ein abendlicher Sonnenstrahl seine Finger auf die Samttapete jenes berühmten Salons in Baker Street 221 B. Doch war sein Los nicht verführerisch genug, die beiden Freunde zu einem Spaziergang im Park zu reizen. Die Teesachen waren noch nicht abgeräumt, denn Mrs. Hudson war so taktvoll, ihre Mieter so wenig möglich zu stören. Das Gespräch drehte sich darum, ob Holmes' Beobachtungsgabe und die ihm eigentümliche Gewandheit im Schlussfolgern, auf sein eigenes, systematisches Training zurückginge? "In gewissem Grade", anwortete Holmes nachdenklich. " Meine Vorfahren waren Landjunker, die offenbar im grossen ganzen ein ihrem Stand gemässes Leben geführt haben. Gle

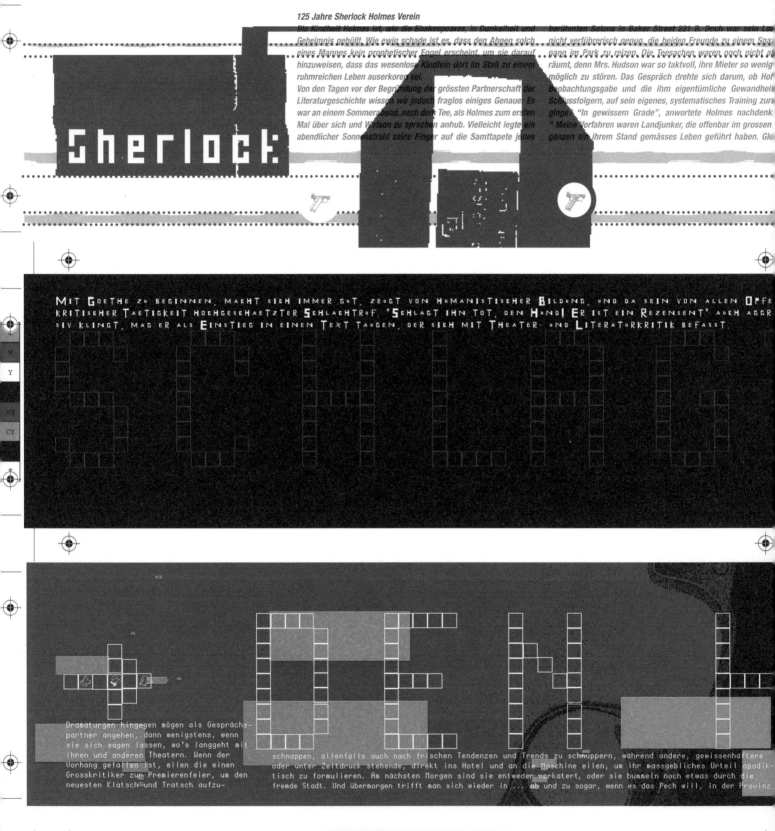

MIT GOETHE ZU BEGINNEN, MACHT SICH IMMER GUT, ZEUGT VON HUMANISTISCHER BILDUNG, UND DA SEIN VON ALLEN OPFER KRITISCHER TAETIGKEIT HOCHGESCHAETZTER SCHLACHTRUF "SCHLAGT IHN TOT, DEN HUND! ER IST EIN REZENSENT" AUCH AGGRESSIV KLINGT, MAG ER ALS EINSTIEG IN EINEN TEXT TAUGEN, DER SICH MIT THEATER- UND LITERATURKRITIK BEFASST.

Dramaturgen hingegen mögen als Gesprächspartner angehen, dann wenigstens, wenn sie sich sagen lassen, wo's langgeht mit ihren und anderen Theatern. Wenn der Vorhang gefallen ist, eilen die einen Grosskritiker zur Premierenfeier, um den neuesten Klatsch und Tratsch aufzuschnappen, allenfalls auch nach frischen Tendenzen und Trends zu schnuppern, während andere, gewissenhaftere oder unter Zeitdruck stehende, direkt ins Hotel und an die Maschine eilen, um ihr massgebliches Urteil apodiktisch zu formulieren. Am nächsten Morgen sind sie entweder verkatert, oder sie bummeln noch etwas durch die fremde Stadt. Und übermorgen trifft man sich wieder in .... ab und zu sogar, wenn es das Pech will, in der Provinz

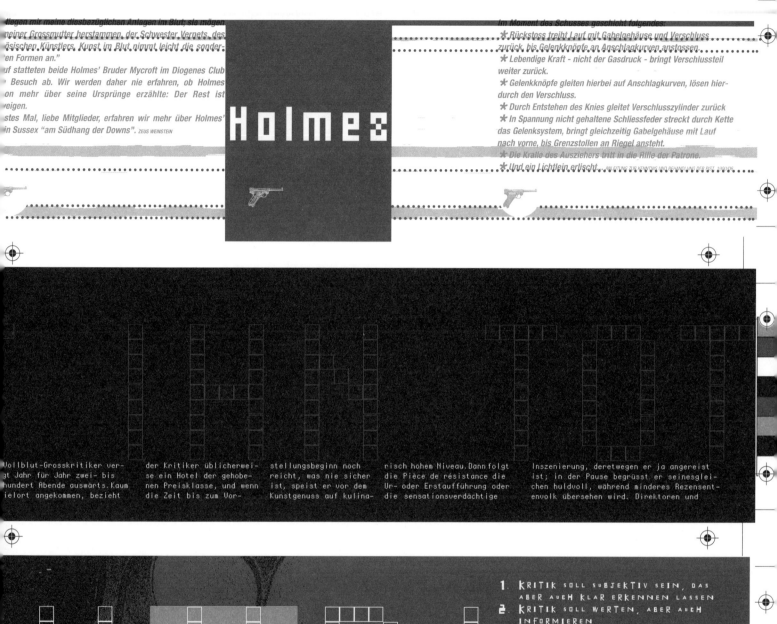

...liegen mir meine diesbezüglichen Anlagen im Blut; sie mögen ...neiner Grossmutter herstammen, der Schwester Vernets, des ...ösischen Künstlers. Kunst im Blut nimmt leicht die sonder- ...en Formen an."

...uf statteten beide Holmes' Bruder Mycroft im Diogenes Club ... Besuch ab. Wir werden daher nie erfahren, ob Holmes ...on mehr über seine Ursprünge erzählte: Der Rest ist ...veigen.

...stes Mal, liebe Mitglieder, erfahren wir mehr über Holmes' ...in Sussex "am Südhang der Downs". ZEUS WEINSTEIN

Im Moment des Schusses geschieht folgendes:

✷ Rückstoss treibt Lauf mit Gabelgehäuse und Verschluss zurück, bis Gelenkknöpfe an Anschlagkurven anstossen.
✷ Lebendige Kraft - nicht der Gasdruck - bringt Verschlussteil weiter zurück.
✷ Gelenkknöpfe gleiten hierbei auf Anschlagkurven, lösen hierdurch den Verschluss.
✷ Durch Entstehen des Knies gleitet Verschlusszylinder zurück
✷ In Spannung nicht gehaltene Schliessfeder streckt durch Kette das Gelenksystem, bringt gleichzeitig Gabelgehäuse mit Lauf nach vorne, bis Grenzstollen an Riegel ansteht.
✷ Die Kralle des Ausziehers tritt in die Rille der Patrone.
✷ Und ein Lichtlein erlischt. ANLEITUNG ZUR KENNTNIS UND BEHANDLUNG DER PIST. 1900/06

Holmes

Vollblut-Grosskritiker ver-
...t Jahr für Jahr zwei- bis
...hundert Abende auswärts. Kaum
...ielort angekommen, bezieht
der Kritiker üblicherwei-
se ein Hotel der gehobe-
nen Preisklasse, und wenn
die Zeit bis zum Vor-
stellungsbeginn noch
reicht, was nie sicher
ist, speist er vor dem
Kunstgenuss auf kulina-
risch hohem Niveau. Dann folgt
die Pièce de résistance die
Ur- oder Erstaufführung oder
die sensationsverdächtige
Inszenierung, deretwegen er ja angereist
ist; in der Pause begrüsst er seinesglei-
chen huldvoll, während minderes Rezensent-
envolk übersehen wird. Direktoren und

1. KRITIK SOLL SUBJEKTIV SEIN, DAS ABER AUCH KLAR ERKENNEN LASSEN
2. KRITIK SOLL WERTEN, ABER AUCH INFORMIEREN
3. KRITIK SOLL UNBESTECHLICH, ABER NICHT RUECKSICHTSLOS SEIN
4. KRITIK SOLL ANIMIEREN, ABER AUCH ANALYSIEREN
5. KRITIK SOLL AN IHR PUBLIKUM DENKEN, IHM ABER NICHT NACH DEM MUND REDEN

PETER MEIER
SCHLAGT IHN TOT, DEN HUND!
ER IST EIN REZENSENT.

"Der wahre Inspektor Hund" (The Real Inspector Hound), Urauf-führung 17. Juni 1968, London. Zwei Theaterkritiker werden bei einer Premiere durch ein Bühnentelefon, dessen Läuten sie nicht widerstehen können, auf die Bühne und damit in die Handlung eines Kriminalstücks gezogen und schliesslich erschossen. Ein absurder Spass, zumal der falsche Inspektor Hund, der die Kritiker erschiesst und ebenfalls erschossen wird, auch ein Kritiker ist -

wie Tom Stoppard, bevor er anfing, Theaterstücke zu schreiben. Ein selbstironisches Gemetzel unter Kritikern.

Tom Stoppard ist oft der geistreichste und immer der witzigste Autor seiner Generation. Er wurde am 3. Juli 1937 als Thomas Straussner in Zlin in der Tschechoslowakei geboren, wuchs in Singapur und in Indien auf. Als seine verwitwete Mutter 1945 den englischen Major Kenneth Stoppard heiratete, kam er zu dem

Namen, den er weltberühmt machte. Seine literarische Karri begann er in Bristol, erst als Lokalreporter, später als Theater ker. Sein erstes Stück brachte ihm 1964 ein Stipendium der Foundation und eine Einladung ans Literarische Colloquiu Berlin. In Berlin schrieb er "Rosencranz und Güldenstern wurde 1966 sein erster Welterfolg: Rosencranz und Güldens die Studienfreunde Hamlets, sind die Hauptpersonen, und

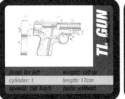

TL GUN — hand: for left, weight: 100 gr, cylinder: 1, length: 17cm, speed: 198 km/h, taste: without

TC GUN — hand: for left, weight: 170 gr, cylinder: 1, length: 12 cm, speed: 243 km/h, taste: sweet'n sour

TN GUN — hand: for right, weight: 920 gr, cylinder: 1, length: 20 cm, speed: 300 km/h, taste: super bored

TD GUN — hand: for left & right, weight: 1223 gr, cylinder: 2, length: 2x 27 cm, speed: 644km/h, taste: very dangerous

TE GUN — hand: for right, weight: 410 gr, cylinder: 1/2, length: 17227 cm, speed: 295 km/h, taste: fun aber herrlich

TE GUN — hand: for right, weight: 060 gr, cylinder: wormy, length: 0-123 cm, taste: ultra light

Mann in Black	Silvan Kappeler	Conferencière	Monika Jost
Kasse	Johannes Schöniger, Charly Gmür	Präsidentin	Verena Furrer
Mann in Frack	Christian Hefti	Koch	Charly Gmür
Schwester	Denise Kälin	Feuerwehrinspektor	Roberto Villegas
Garderobe	Dora Steiner, Vanessa Fäsch	Zügelfrau	Andrea Vavra
Lift	Harry Hollenstein	Pressefotograph	Gian-Paolo Faccin
Klo-DJ's	Kurt Hiestand, Magdalena Rajnisch	Gast	Harry Hollenstein
Empfang	Isabelle Schwander	Frau	Manuella Zech
Platzanweiserin	Verena Ziehlmann	Kellnerin	Lisa Blassnig
		Eine Dame	Denise Kälin
Band	Alberto Chenevard, Bass & Bandleader	Techniker	Pascal Müller
	Thomas Erne, Gitarre	Hilfstechniker	Guido Ebner
	Claude Laederach, Bläser & Gesang	Gewinner der	
	Rodemondo Rocca, Schlagzeug	goldenen Pistole	Rodemondo Rocca
	Sheila Rossi, Gesang	Sherlock-Holmes Verein	Tania Hegnauer
	Christian Stiner, Tasten	Tango	Evelyn Egli, Juvy Dypdahl, Manuella
			Zech, Walter Reis da Silva, Roberto Villegas,
			Rico Lendi

Chorleiterin	Andrea Vavra
Herbst	Pete Kaiser
Schnitzler	Rico Lendi
Frau Traatsch	Andrea Vavra
Simon	Silvan Kappeler
Felicity	Andrea Mayer
Cynthia	Verena Furrer
Magnus	Charly Gmür Erich Furrer
Inspektor Hund	Harry Hollenstein
Schulz	Oliver Horak, Walter Reis da Silva
Inszenierung/Dramaturgie	Eylon Kindler
Bühnenbild	Ricardo Calventus
Kostüme	Dodo Schneider
Choreographie	Viviana Volgger
Regiemitarbeit	Orlando Schüpbach
Regieassistenz	Karin Nyffenegger, Jeannette Eichmülle
Produktionsassistenz/Büro	René Locher, Matthias Fankhauser

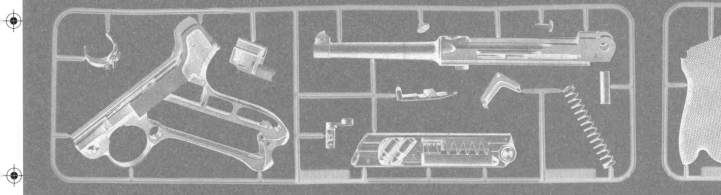

aupifiersomen aus Shakespeares "Hamlet" sind nur Hinter-
ndfiguren. Es war der erste seiner kühnen Einfälle.
ppard ironisiert in "Der wahre Inspektor Hund" die unnatürliche
ache vieler Detektiv- und Boulevardstücke. Das Stück im Stück
bst parodiert eine der populärsten Theaterformen, das Detektiv-
ck. Über die allgemeine Genre-Parodie hinaus lässt sich ein
nz bestimmtes Objekt der Parodie feststellen: Agatha Christies

Erfolgsstück "Die Mausefalle". Der Auftritt des Inspektors, die
durch Wetter bedingte Abgeschiedenheit des Ortes, parodierter
Einsatz von Radios, gekappte Telefonleitungen, das Tatmotiv, der
Mörder " in unserer Mitte" und ...
Die Dialoge über das Theater, die die beiden Kritiker führen, par-
odieren die Oberflächlichkeit, die spezifische Arbeitsweise und den
inhaltsleeren Jargon von Theaterkritikern.

Neben Harold Pinter und Christopher Hampton ist Stoppard der
wichtigste Vertreter der "Sophisticated Comedy": Er benutzt die
vertrauten Muster der Gesellschaftskomödie, um unversehens hinter dem Geplänkel Irritationen und Abgründe freizulegen. Er spielt
mit Zitaten, greift Figuren und Situationen aus der Literaturgeschichte auf, um sie zu verfremden, zu verballhornen, mit Wider-
sprüchen zu spielen. *SIEGFRIED KIENZLE, GEORG HENSEL, BEATE BLÜGGEL*

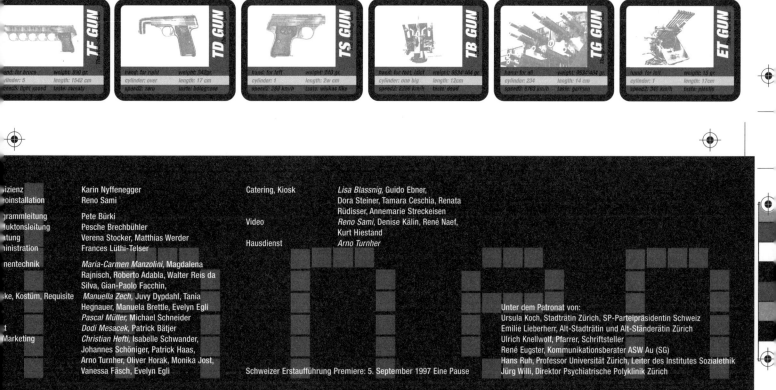

TF GUN
hand: for bruce | weight: 890 gr.
cylinder: 5 | length: 1542 cm
speed5: light speed | taste: sweaty

TD GUN
hand: for right | weight: 542gr.
cylinder: over | length: 17 cm
speed2: zero | taste: bolognese

TS GUN
hand: for left | weight: 240 gr.
cylinder: 1 | length: 2w cm
speed2: 289 km/h | taste: wiskas like

TB GUN
hand: for feet, idiot | weight: 9534'464 gr.
cylinder: one big | length: 12cm
speed2: 2266 km/h | taste: dead

TG GUN
hand: for all | weight: 0532'464 gr.
cylinder: 234 | length: 14 cm
speed2: 8763 km/h | taste: german

ET GUN
hand: for left | weight: 18 gr.
cylinder: 1 | length: 17cm
speed2: 348 km/h | taste: plastic

izienz	Karin Nyffenegger	Catering, Kiosk	*Lisa Blassnig*, Guido Ebner, Dora Steiner, Tamara Ceschia, Renata Rüdisser, Annemarie Streckeisen
einstallation	Reno Sami		
rammleitung	Pete Bürki	Video	*Reno Sami*, Denise Kälin, René Naef, Kurt Hiestand
luktonsleitung	Pesche Brechbühler		
ung	Verena Stocker, Matthias Werder	Hausdienst	*Arno Turnher*
inistration	Frances Lüthi-Telser		
nentechnik	*Maria-Carmen Manzolini*, Magdalena Rajnisch, Roberto Adabla, Walter Reis da Silva, Gian-Paolo Facchin,		
ke, Kostüm, Requisite	*Manuella Zech*, Juvy Dypdahl, Tania Hegnauer, Manuela Brettle, Evelyn Egli		Unter dem Patronat von:
	Pascal Müller, Michael Schneider		Ursula Koch, Stadträtin Zürich, SP-Parteipräsidentin Schweiz
	Dodi Mesacek, Patrick Bätjer		Emilie Lieberherr, Alt-Stadträtin und Alt-Ständerätin Zürich
Marketing	*Christian Hefti*, Isabelle Schwander, Johannes Schöniger, Patrick Haas, Arno Turnher, Oliver Horak, Monika Jost, Vanessa Fäsch, Evelyn Egli		Ulrich Knellwolf, Pfarrer, Schriftsteller
			René Eugster, Kommunikationsberater ASW Au (SG)
			Hans Ruh, Professor Universität Zürich, Leiter des Institutes Sozialethik
		Schweizer Erstaufführung Premiere: 5. September 1997 Eine Pause	Jürg Willi, Direktor Psychiatrische Polyklinik Zürich

do it yourself!

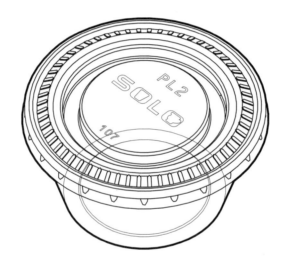

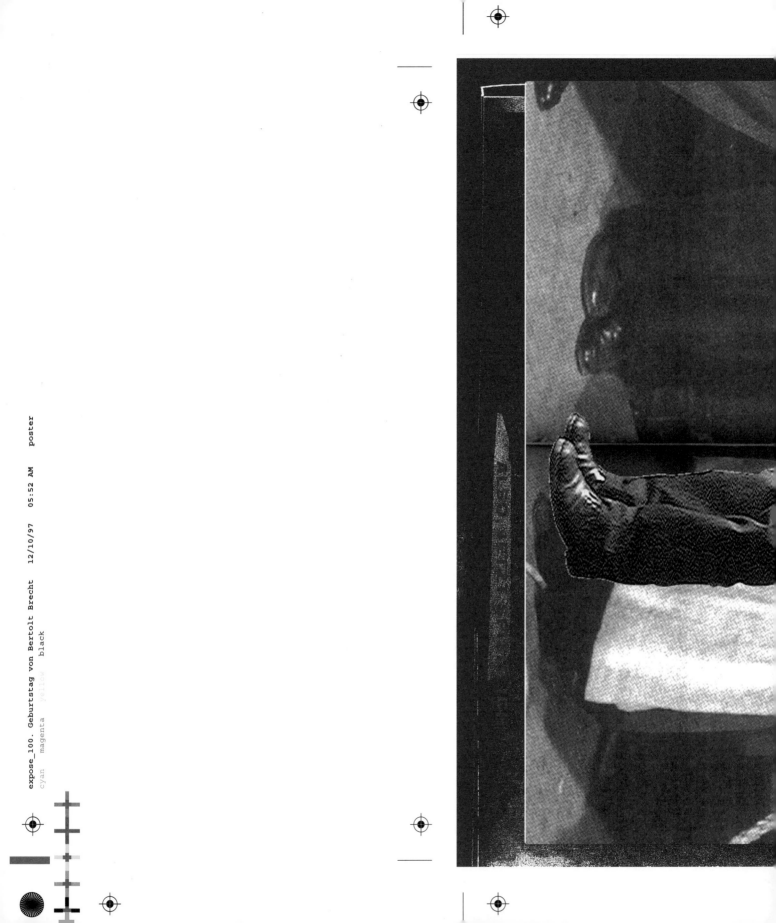

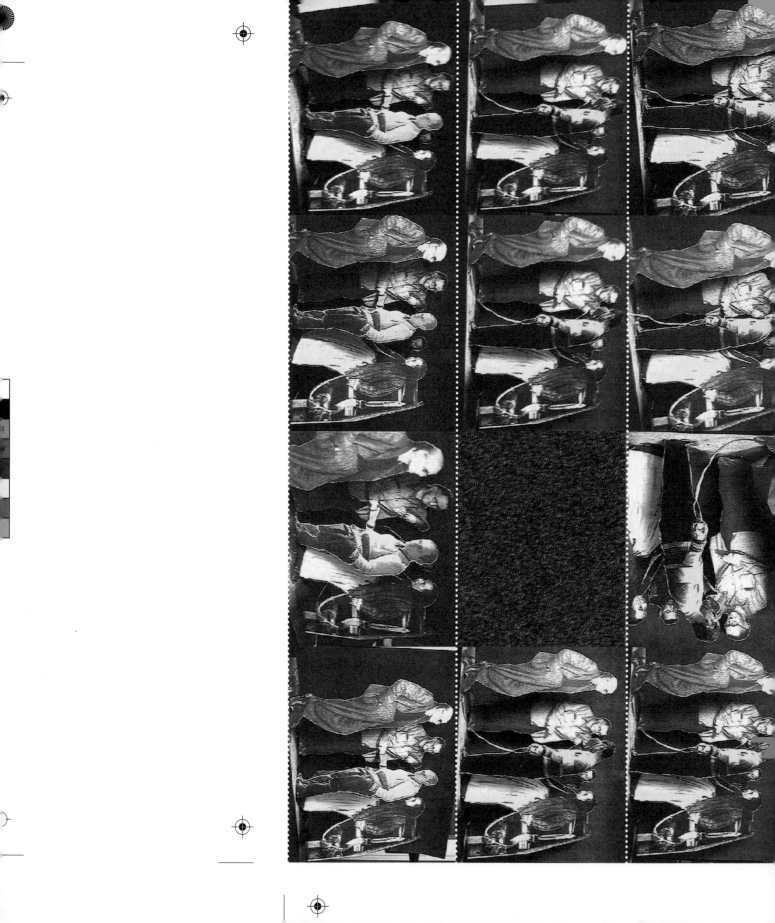

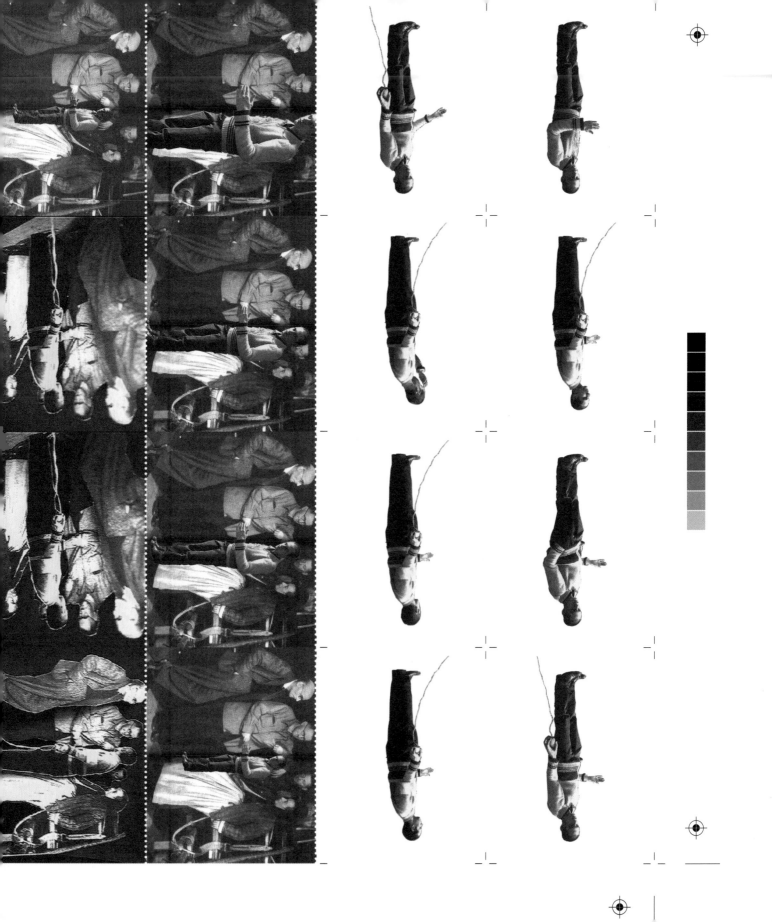

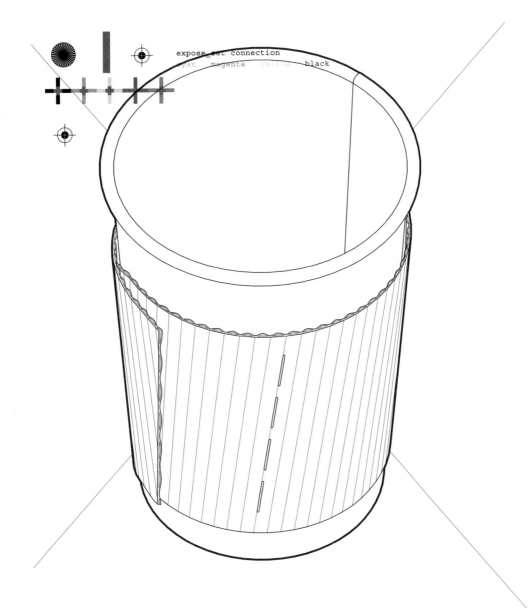

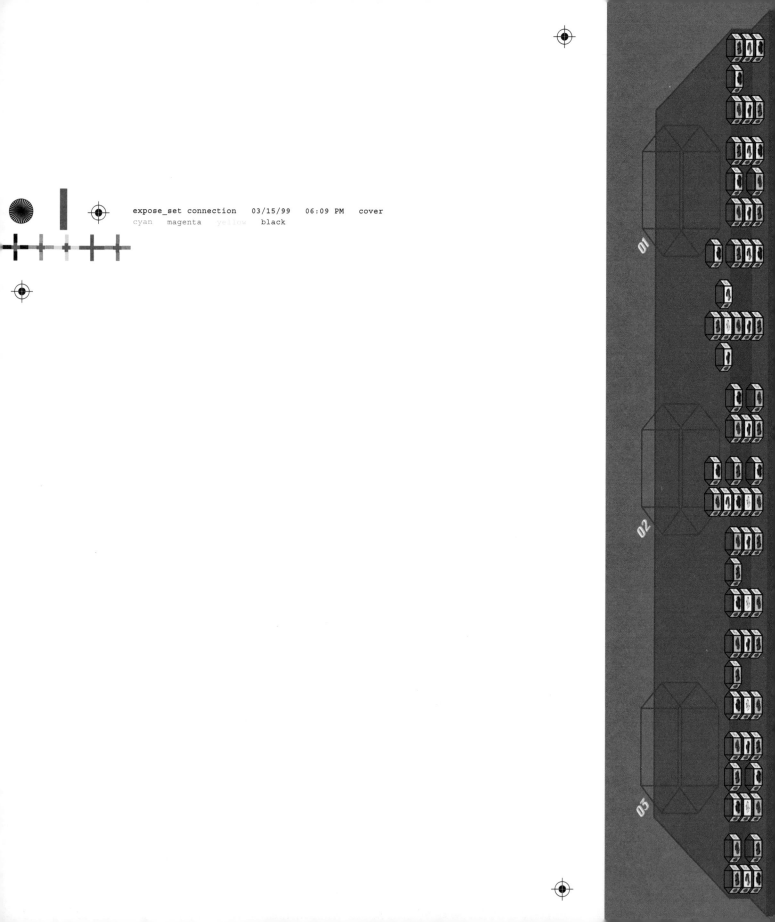

expose_set connection   03/15/99   06:09 PM   cover
cyan   magenta   yellow   black

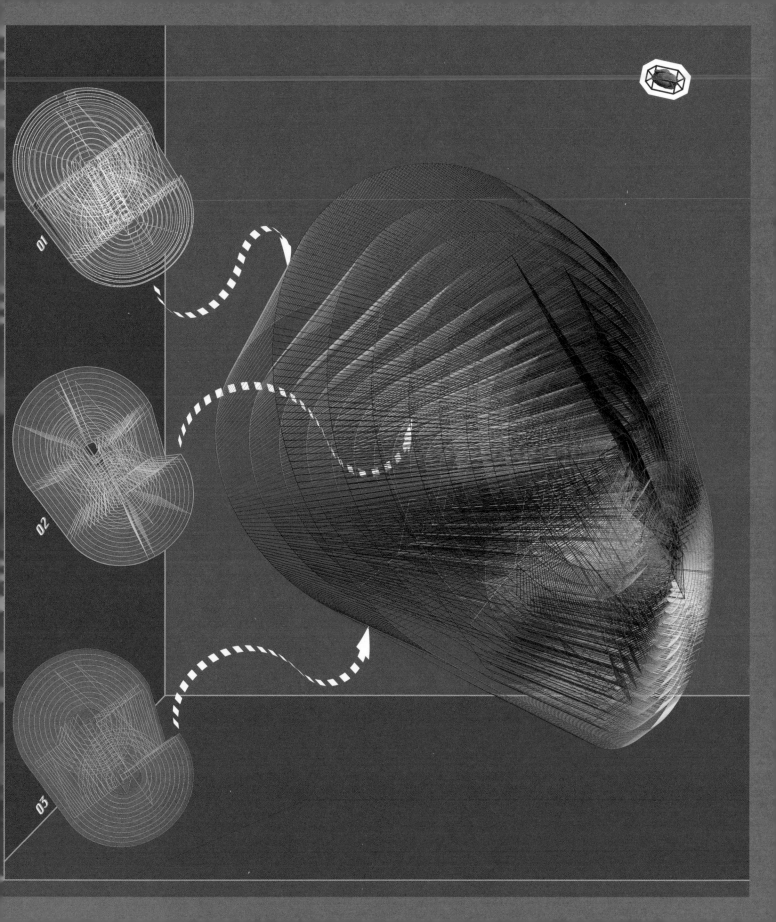

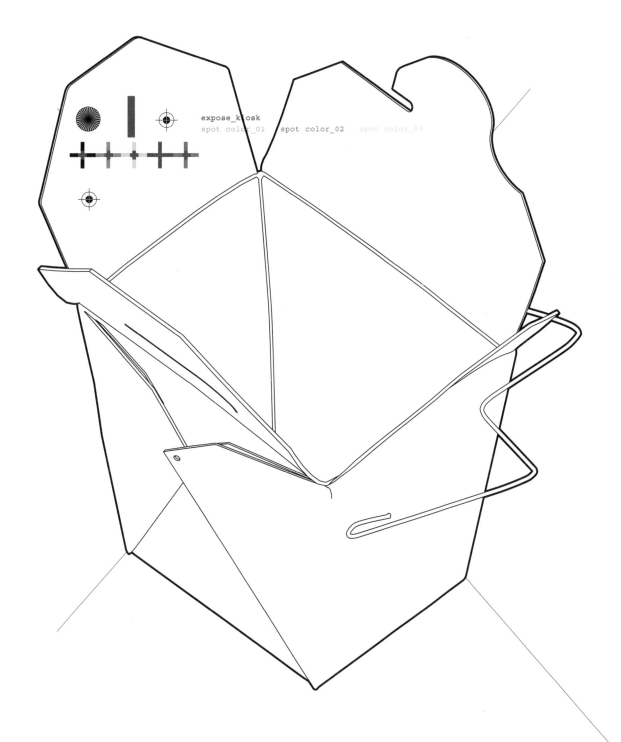

expose_kiosk
spot color_01   spot color_02   spot color_03

Erik Dettwiler «Pas de Deux» Videoinstallation
Vernissage Do. 15. Jan. von 18.00 bis 20.00 Uhr Dauer: 16. bis 31. Jan. durchgehend geöffnet

Christian Grogg Installation
Vernissage Sa. 14. Feb. ab 18.00 Uhr und ab 19.00 Uhr bei Art Galleri, Scheibenstrasse 43 Bern Dauer: 15. Feb. bis 8. März
durchgehend geöffnet mit Dank an Hunziker & Hostettler Holzarbeiten und Blum Holz, Niederscherli; Art Galleri

Ort: Klosk Lorrainestrasse 27, Bern
Klosk durch kunst\(\cdot\)kanal

Erik Dettwiler «Pas de Deux» Videoinstallation
Vernissage Do. 15. Jan. von 18.00 bis 20.00 Uhr Dauer: 16. bis 31. Jan. durchgehend geöffnet

PANTONE 236 U plate_01   PANTONE 876 U plate_02

expose_pas de deux   12/23/97   01:51 PM   flyer_14
PANTONE 236 U plate_01

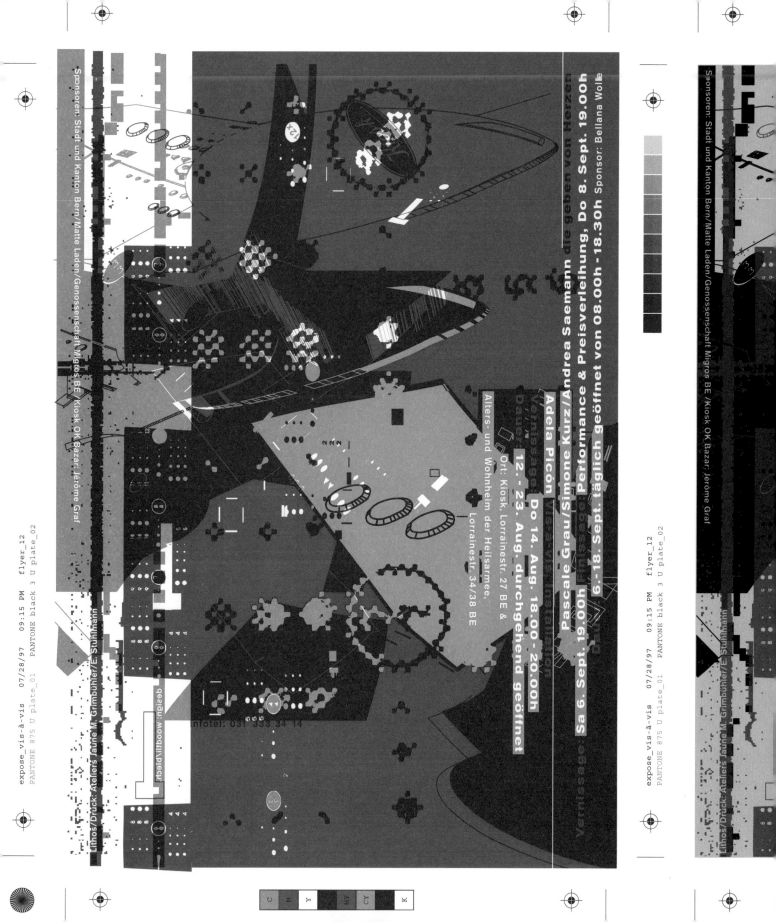

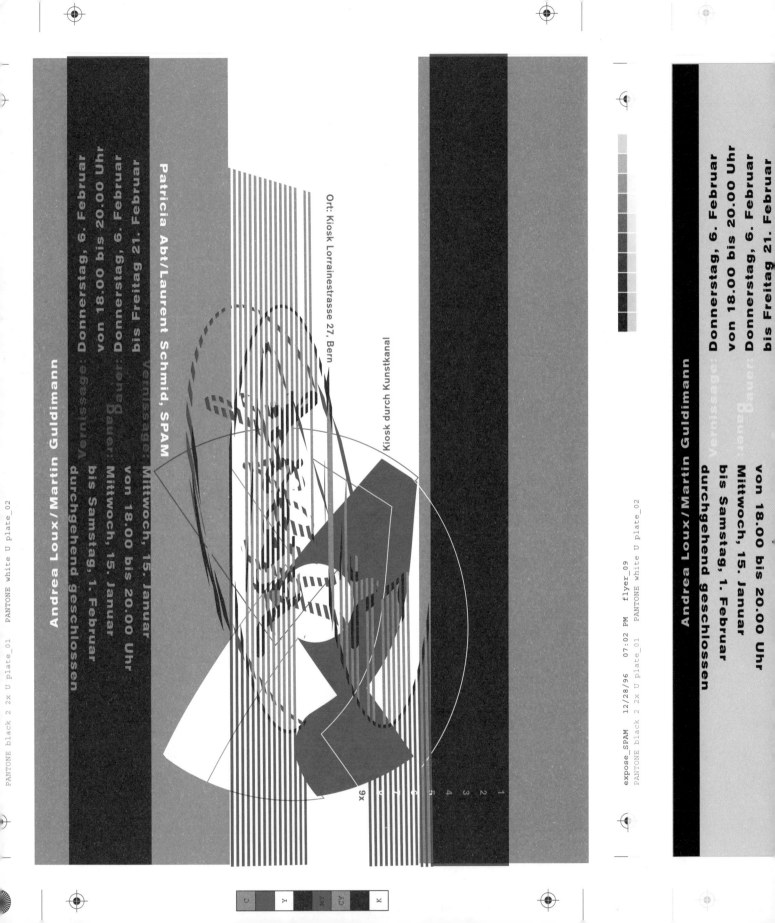

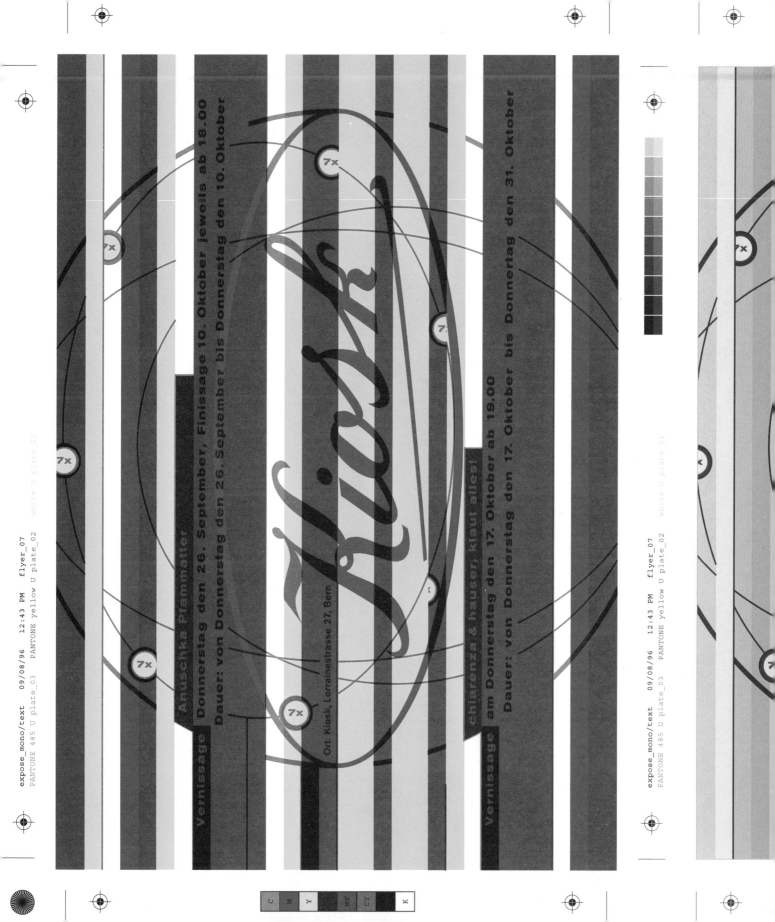

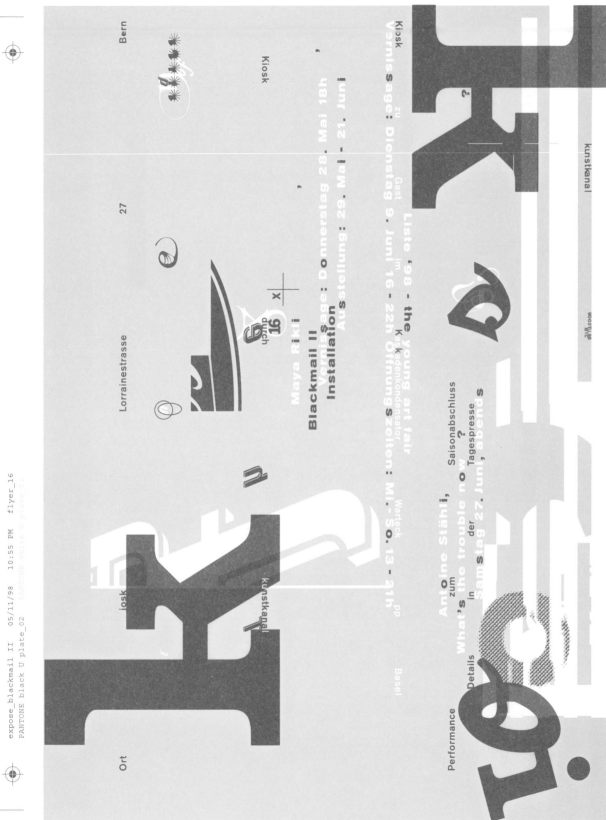

ERÖFFNUNG

Kiosk

Eröffnung/Finissage
Donnerstag 30 Nov ab 18°°

Strassenperformance
ab Montag 20 November
Jean Damien Fleury

«von Fleck»
«mise sous tension»

Lichtbilder
Filip Haag
Montag 4 Dezember bis
Donnerstag 14 Dezember
täglich von 17°°-23°° Uhr

Finissage
Donnerstag 14 Dezember

Ort: Kiosk
Lorrainestrasse 27 Bern

durch kunstkanal

Fax 031 382 34 37

Infotel 031 382 12 42

Lorrainestrasse 27 Bern

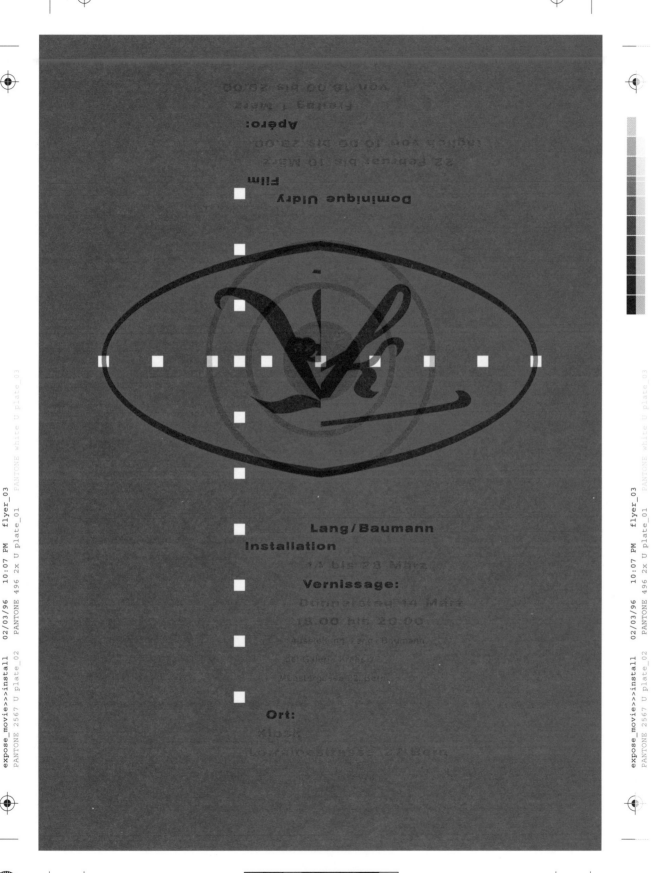

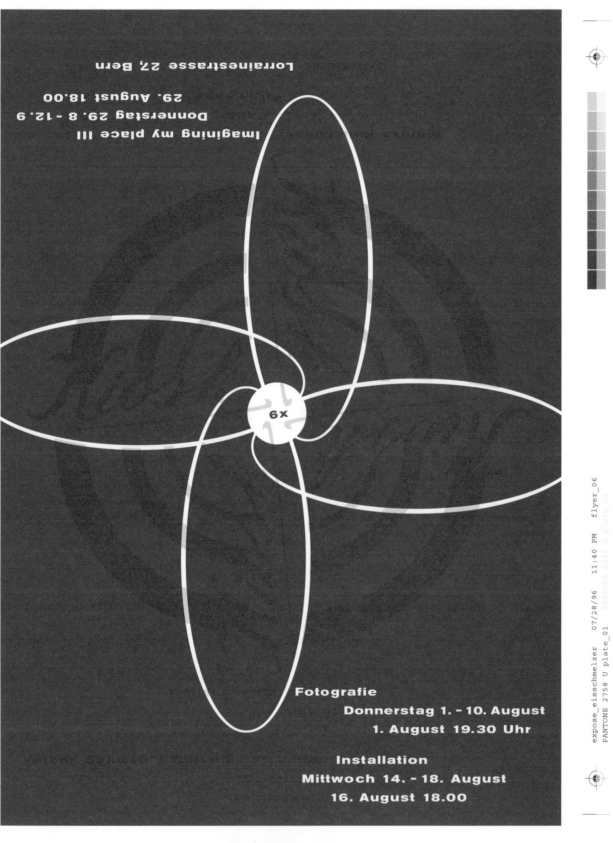

Mi. 5. - 9. Juni Club 111, Regie: Meret Matter
«Ich habe stets und viel zu tun»
Darstellerin: Grazia Pergoletti
täglich jeweils um 21°°
13. - 16. Juni De Fabriek (NL), Installation
Vernissage Do. 13. Juni, 18°° - 20°°

Ort: Kiosk Lorrainestrasse 27, Bern

Kiosk durch kunstkanal

17. Mai - 27. Mai Katrin Wirz «illuster» Installation
täglich von 10°° bis 23°° Uhr
Vernissage Fr. 17. Mai 18°° - 20°°
Samstag 1. Juni Kunsttombola mit Werken von
Kunstkanalmitgliedern und
Kiosk KünstlerInnen
Bar ab 18°°, Tombola ab 20°°

Caroline Elsaesser "leichtverdaulich" Vernissage Donnerstag, 28. Nov. morgens 07.⁰⁰ bis 08.⁰⁰, Finissage Donnerstag, 5. Dez. 19.⁰⁰ bis 20.⁰⁰

Ort: Kiosk Lorrainestrasse 27, Bern

Kiosk durch kunstkanal

JOKO Performance, Samstag
14. Dez. von 17.⁰⁰ bis 17.³⁰
Simon Beer I'm dreaming of...
Vernissage Samstag, 14. Dez.
von 17.⁰⁰ bis 17.³⁰ Dauer Samstag
14. Dez. bis Sonntag, 5. Jan.

Caroline Els
morgens 07

PANTONE 330 U plate_02   PANTONE 334 U plate_01

expose_I'm dreaming   11/10/96   08:47 PM   flyer_08
PANTONE 330 U plate_02   PANTONE 334 U plate_01

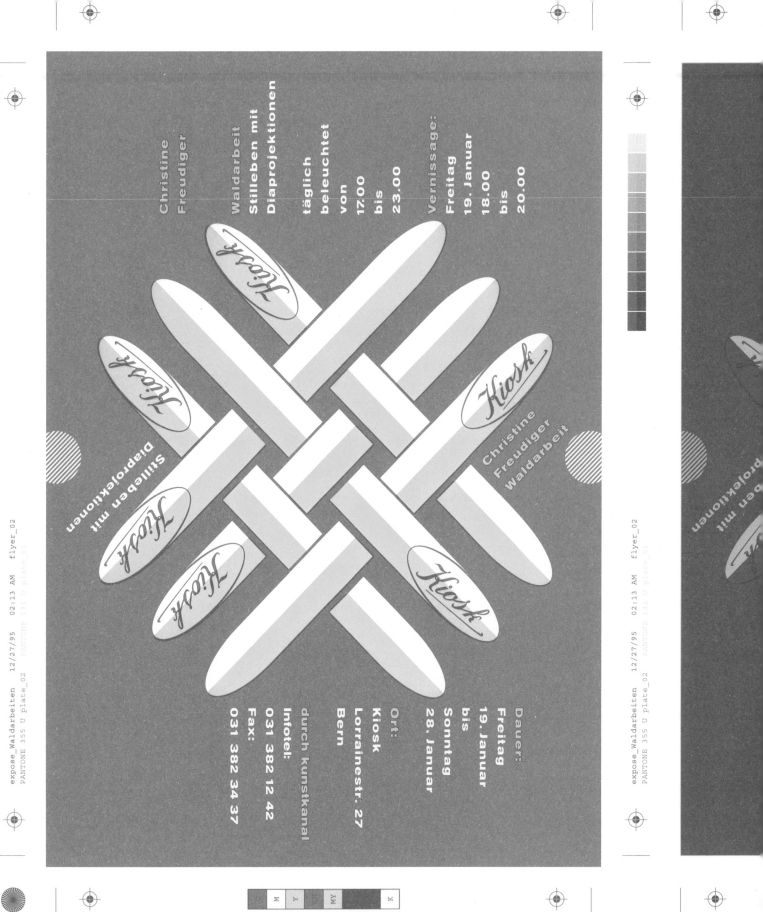

Christine
Freudiger

Waldarbeit
Stilleben mit
Diaprojektionen

täglich
beleuchtet
von
17.00
bis
23.00

Vernissage:
Freitag
19. Januar
18.00
bis
20.00

Christine
Freudiger
Waldarbeit

Dauer:
Freitag
19. Januar
bis
Sonntag
28. Januar

Ort:
Kiosk
Lorrainestr. 27
Bern

durch kunstkanal
Infotel:
031 382 12 42
Fax:
031 382 34 37

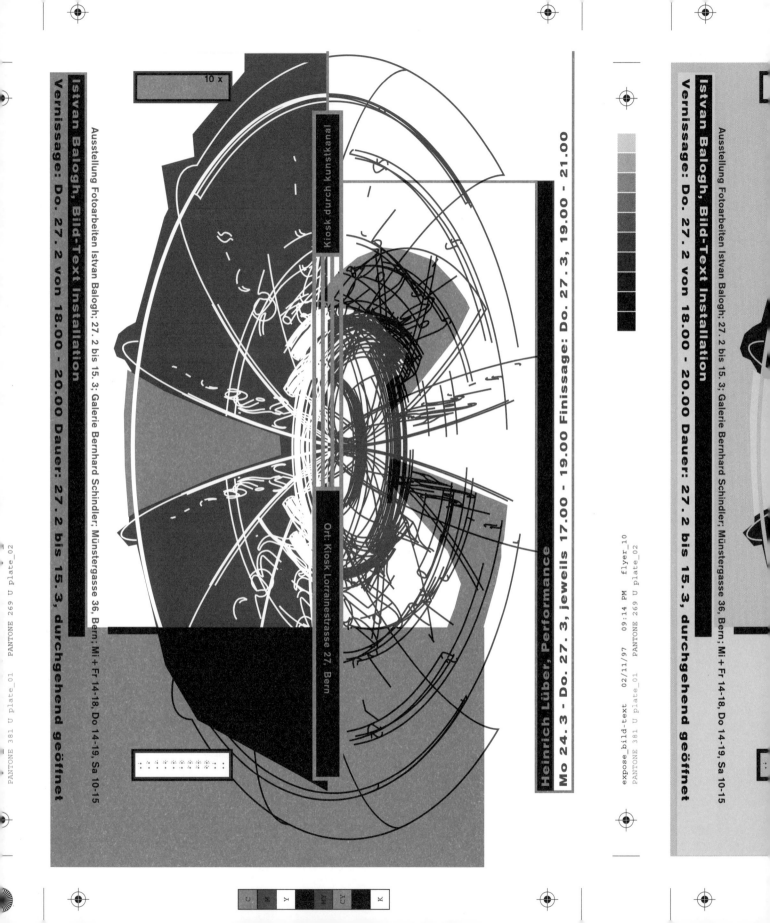

Ausstellung Fotoarbeiten Istvan Balogh; 27. 2 bis 15. 3; Galerie Bernhard Schindler; Münstergasse 36, Bern; Mi + Fr 14-18, Do 14-19, Sa 10-15

Istvan Balogh, Bild-Text Installation

Vernissage: Do. 27 . 2 von 18.00 - 20.00 Dauer: 27 . 2 bis 15. 3, durchgehend geöffnet

Ausstellung Fotoarbeiten Istvan Balogh; 27. 2 bis 15. 3; Galerie Bernhard Schindler; Münstergasse 36, Bern; Mi + Fr 14-18, Do 14-19, Sa 10-15

Istvan Balogh, Bild-Text Installation

Vernissage: Do. 27 . 2 von 18.00 - 20.00 Dauer: 27 . 2 bis 15. 3, durchgehend geöffnet

Heinrich Lüber, Performance

Mo 24.3 - Do. 27 . 3, jeweils 17.00 - 19.00 Finissage: Do. 27 . 3, 19.00 - 21.00

Kiosk durch Kunstkanal

Ort: Kiosk Lorrainestrasse 27, Bern

10 x

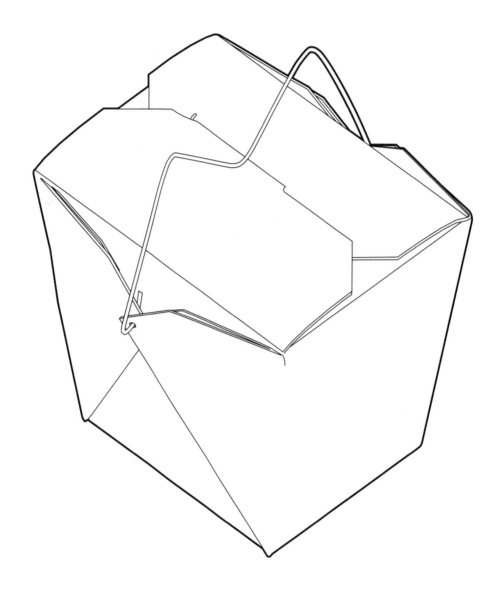

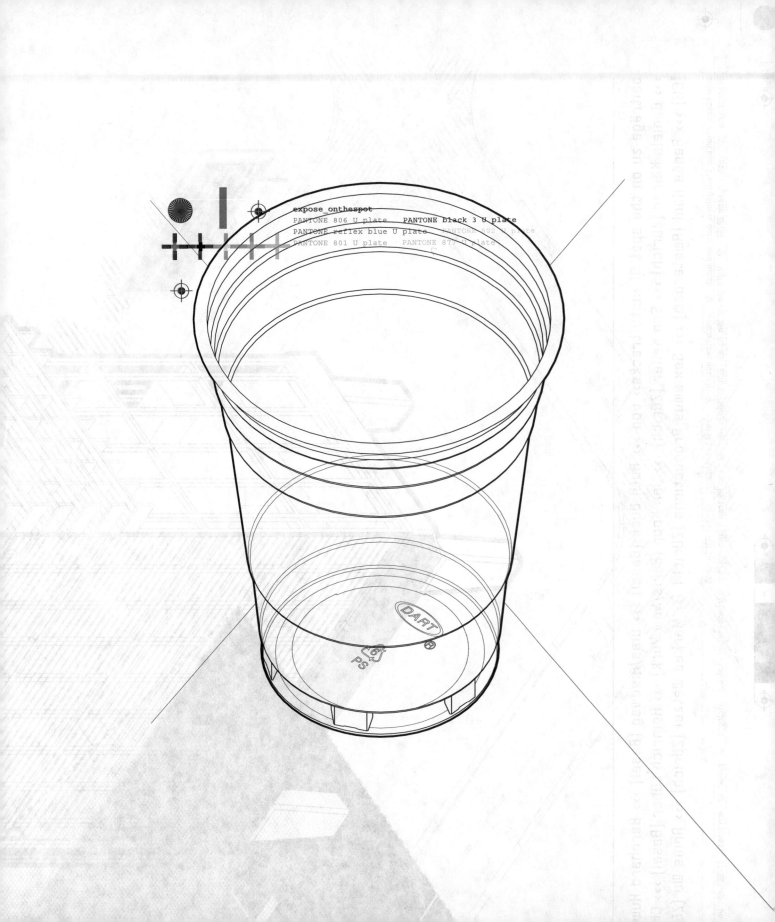

expose_onthespot

PANTONE 806 U plate   PANTONE black 3 U plate
PANTONE reflex blue U plate   PANTONE 802 U plate
PANTONE 801 U plate   PANTONE 877 U plate

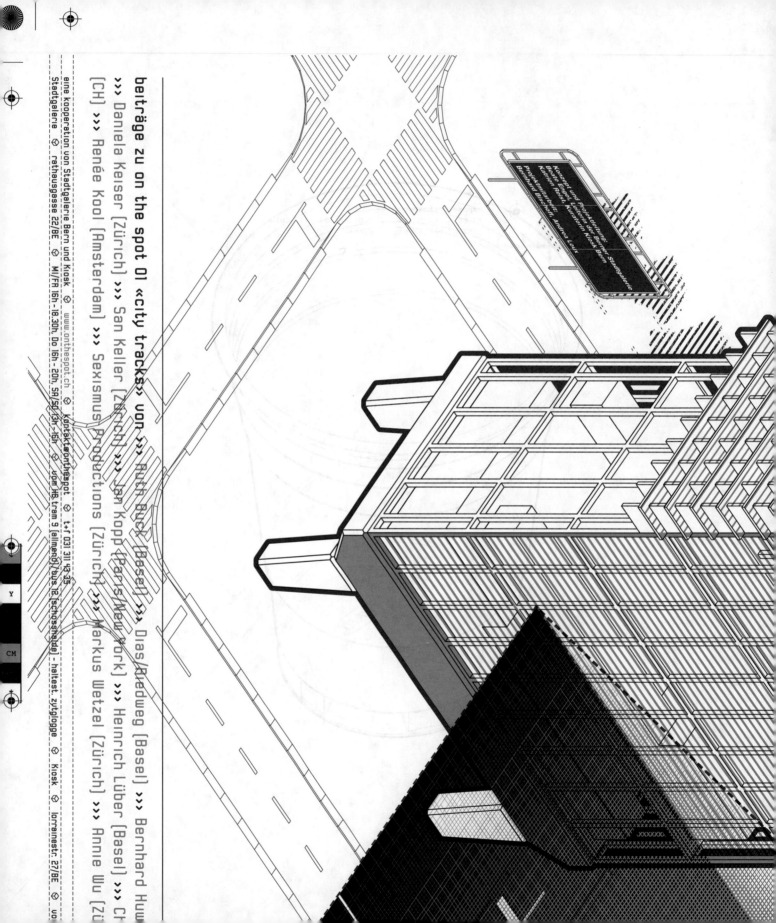

beiträge zu on the spot 01 «city tracks» von >>> Ruth Buck [Basel] >>> Dias/Riedweg [Basel] >>> Bernhard Huw...
>>> Daniela Keiser [Zürich] >>> San Keller [Zürich] >>> Jan Kopp [Paris/New York] >>> Heinrich Lüber [Basel] >>> Ch...
[CH] >>> Renée Kool [Amsterdam] >>> Sexismus Productions [Zürich] >>> Markus Wetzel [Zürich] >>> Annie Wu [Zü...

eine kooperation von Stadtgalerie Bern und Kiosk
Stadtgalerie ⊕ rathausgasse 22/BE ⊕ MI/FR 16h-18.30h, DO 16h-20h, SA/SO 13h-16h ⊕ www.onthespot.ch ⊕ kontakt@onthespot ⊕ t+f 031 311 49 35 ⊕ vom HB tram 9 [allmend] bus 12 [schosshalde] - haltest. zytglogge ⊕ kiosk ⊕ lorrainestr. 27/BE ⊕ vo...

Konzept und Projektleitung:
Beto Egert, Chiara...
Karsten Roost, Kuratorin Kiosk Bern
Projektarbeit:
Bernhard Bischoff, Andrea Loux

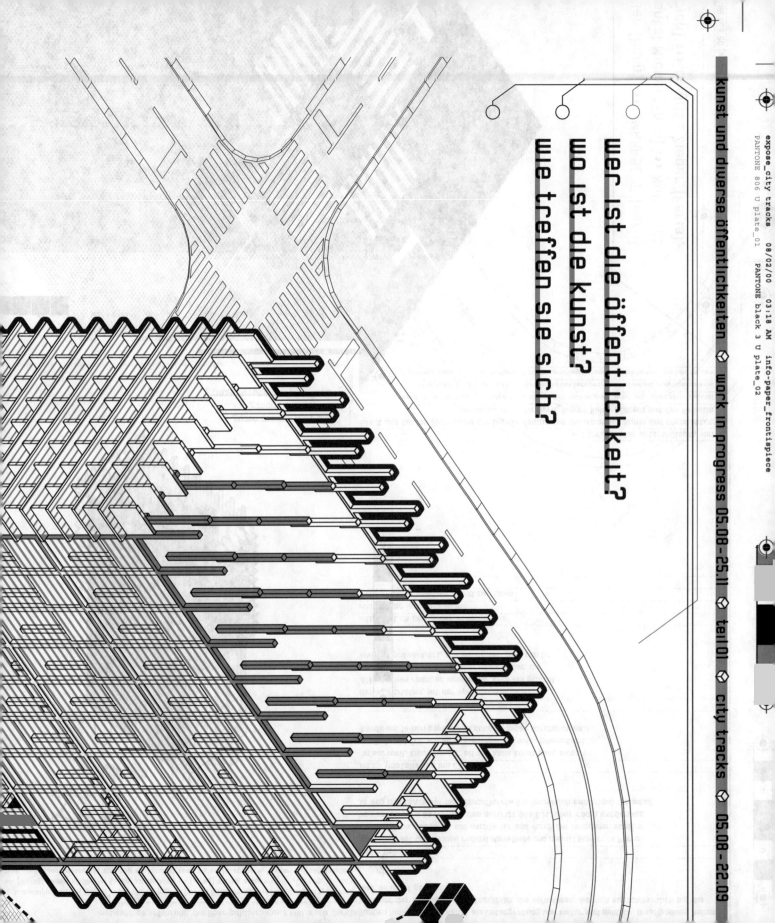

wer ist die öffentlichkeit?
wo ist die kunst?
wie treffen sie sich?

expose_city tracks   08/02/00   03:18 AM   info-paper_frontispiece
PANTONE 806 U plate_01   PANTONE black 3 U plate_02

kunst und diverse öffentlichkeiten ◇ work in progress 05.08 – 25.11 ◇ teil 01 ◇ city tracks ◇ 05.08 – 22.09

notwendige erfahrung, die über politische und kulturelle darstellungen hinausreicht. kunst als untergrabung von kultur und politik». Dias/Riedweg haben
...bten vor der videokamera aufzuzählen. die aufnahmen, die sich ausschliesslich auf die
...ner bahnhof gezeigt.

Radio RaBe 91.1.mhz]
...menarbeit mit der lokalen radiostation RaBe und dem DJ Dimitri de Perrot.
...radiostation. temporär soll nachts für und durch die tanzenden städtischer
...es dancefloors bestimmen den auftritt des DJs. über radio werden die
...en weg und tanze auf dem dancefloor!» Die Tanzenden empfangen die musik

...pot.ch [installation bis 22.09.]
...in amriswil, klaviermusik: all das kann kunst sein, wenn
...gebäude in bern: «hello Mr. Jensen». ihr video präsentiert
...bäude mit feinen poetischen schwingungen durchdringen.

...onth...pot.ch [installation bis 22.09.]
...llen identitäten, mit der sprache und gesel-
...öffentlichen raum: an eine mauer wird ein gedicht
...in ...sprachen und suggerieren bilder, die
...nsfilms präsentiert, als würde der text den be-

...nth...t.ch und in der Stadtgalerie
...stl...he eingriffe in die
...ewegt sich in spannungsfeld zwischen

mit freundlicher unterstützung von:
Stadt und Kanton Bern sowie der Berner Kantonalen Komission für Kunst und Architektur,
der Vereinigung für Bern, Migros Kulturprozent und Pro Helvetia
vielen dank für unterstützung und mithilfe an David Aebi [fotograf], Silvia Bergmann [barbetrieb], Laurent Schaid [website],
Martin Woodtli [grafik], Bernhard Bischoff und Andrea Loux [mitarbeit projektrealisation], Jimmy Ochsenbein und
Hans-Beat Moser [mitarbeiter Stadtgalerie], DESK Veranstaltungskoordination, Metro-Garage, Radio RaBe, SBB Bern.

wer ist die öffentlichkeit?
wo ist die kunst?
wie treffen sie sich?

teil:01 ⊕ city tracks ⊕ 05.08 - 22.09

beiträge von >>> Steven Bachelder >>> Vera Bourgeois [Frankfurt] >>> Ruth Buck [Base...
[Kopenhagen] >>> Jomini/Reist [Bern] >>> Nic Hess [Zürich] >>> Mathilde ter Heijne [Berlin] >>> Anne
Chantal Michel [Thun] >>> Muda Mathis [Basel] >>> Marc Mouci [Bern] >>> Regina Möller [Berlin] >>>
Michael Stauffer [Bern] >>> Stöckerselig [Basel] >>> S.U.S.I. mit Peter Brand, Martin Guldimann u. An...

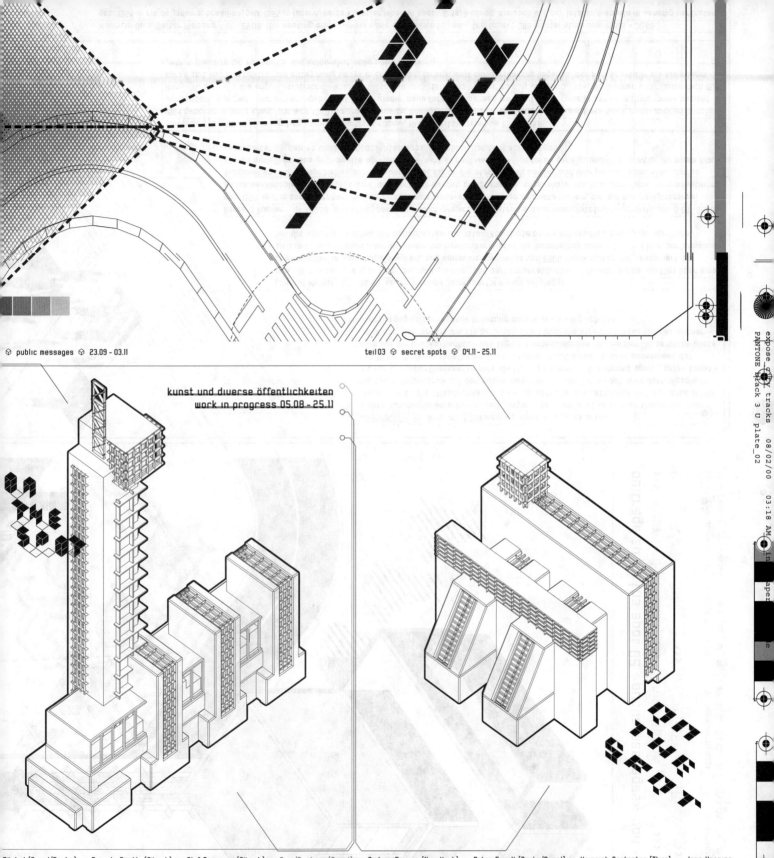

public messages ⊗ 23.09 - 03.11   teil 03 ⊗ secret spots ⊗ 04.11 - 25.11

kunst und diverse öffentlichkeiten
work in progress 05.08 - 25.11

expose city tracks   08/02/00   03:18 AM
PANTONE Black 3 U plate_02

Büchel [Basel/Berlin] ››› Daniele Buetti [Zürich] ››› Olaf Breuning [Zürich] ››› Dias/Riedweg [Basel] ›› Andrea Fraser [New York] ››› Peter Friedl [Berlin/Basel] ››› Heinrich Gartentor [Thun] ››› Jens Haaning
Bernhard Huwiler [Bern] ››› JMARRBEVF [Bern] ››› Daniela Keiser [Zürich] ››› San Keller [Zürich] ››› Daniel Knorr [Berlin] ››› Jan Kopp [Paris/New York] ››› Köppl/Zacek [Zürich] ››› Heinrich Lüber [Basel] ›››
›› Daniel Pflumm [Berlin] ››› Renée Kool [Amsterdam] ››› Hinrichs Sachs [Basel] ››› Karoline Schreiber [Zürich] ››› Markus Schwander [Basel] ››› Sexismus Productions [Zürich] ››› Nika Spalinger [Bern] ›››
:h/Bern] ››› Sybilla Walpen [Bern] ›› Markus Wetzel [Zürich] ››› Philippe Winniger [Zürich] ››› Annie Wu [Zürich] ››› Brigitte Zieger [Paris].

beiträge zu on the spot 02 «public messages» von >>>
>>> Anne Hody [Basel] >>> Daniel Knorr [Berlin] >>> L/B [Bur... >>> Olaf Br...
>>> Daniel Pflumm [Berlin] >>> Hinrich Sachs [Basel] >>> Sexism...
eine Kooperation von Stadtgalerie Bern und Kiosk ◈ www.onthespot.ch ◈ kontakt@onthespot.ch
Stadtgalerie ◈ rathausgasse 22/BE ◈ MI/FR 16h-18.30h, DO 16h-20h, SA/SO 13h-16h ◈ vom HB tram 9

JMARABEVF ◈ 11.08. ab 17.30h meeting point: «tagwerk blau»

sieben künstlerInnen arbeiten seit längerer zeit verdeckt im berner stadtraum. nun
treten sie an die öffentlichkeit: die lorrainebrücke, eine städtebaulich brisante stelle,
die das stadtzentrum mit dem aussenquartier lorraine verbindet, wird deckungsgleich
mit der darunter fliessenden aare als blaue zone markiert. während eines ganzen tages -
von 10 bis 18 uhr - schöpfen die künstlerinnen in 185 blauen kübeln wasser aus der
aare auf die brücke. nachdem das tagwerk abgeschlossen ist, werden 100 geladene gäste
um 18 uhr gleichzeitig die 185 gefüllten kübel über die strasse tragen und das wasser
über die gegenüberliegende brüstung zurück in die aare schütten.

Chantal Michel ◈ 25.08. ab 17h meeting point: performance zytglogge

geb. 1968 in bern, lebt in thun. die foto-, video- und performancekünstlerin Chantal Michel verfügt über eine
chamäleonhafte wandlungsfähigkeit. aus einem kleiderfundus von 2000 Stück schöpfend, inszeniert sie
sich im schwanenkleid oder als blume, als hysterikerin oder als feeenhaftes wesen. für ihre live-performance
hat die künstlerin einen der beliebtesten touristen-standorte berns ausgewählt: den zytgloggenturm.

Bernard Huwiler ◈ 25.08. 18h meeting point: city watch-project, parkplatzareal waisenhausplatz [container steht vom 21.08.-02.09.]

geb. 1959, lebt in bern. Bernhard Huwiler richtet sein video-atelier in einem baucontainer ein, der auf dem parkplatzareal
am waisenhausplatz aufgestellt wird. von dort aus werden videokameras, sogenannte «touristensonden», an passantInnen
ausgeliehen, die mit speziellen anzügen verkleidet durch die stadt laufen werden und ihre persönlichen stadtimpressionen einfangen. das gesammelte videomaterial wird im container auf monitoren gezeigt und vom künstler zu einem film
verarbeitet, in dem es um das «beobachten des beobachten der beobachter» geht.

Annie Wu ◈ 25.08., 20h meeting point: «the third room», Kiosk [installation vom 25.08.-09.09.]

1964 geboren in hong kong, lebt seit 1990 in zürich. Annie Wu bewegt sich zwischen den kulturen. sie wird den Kiosk in ein zuckerhäuschen
verwandeln, das zeit- und witterungsbedingt immer wieder neue formen annehmen wird. mit ihrer installation «the third room» bezieht
Annie Wu sich auf die engen asiatischen wohnverhältnisse und stellt bezüge her zu den «love motels», wo männer und frauen sich für
kurze zeit aus dem hektischen alltag hong kongs in eine süsse, farbige welt der verführung begeben. der zucker ist für die künstlerin
jedoch gleichzeitig symbol für die kolonialistische unterdrückung.

Mauricio Dias/Walter Riedweg ◈ 26.08. 18h meeting point: «mein name auf deinen lippen», treffpunkt SBB [installation vom 24.08.-30.08.]
geb. 1964 in rio de janeiro, brasilien/geb. 1955 in luzern. beide künstler leben in basel. Dias/Riedweg, die auch auf der letzten biennale in venedig vertreten

expose public messages   09/20/00   12:52 PM   info-paper_frontispiece
PANTONE reflex blue U plate_03   PANTONE 802 U plate_04

wer ist die öffentlichkeit?
wo ist die kunst?
wie treffen sie sich?

twanderung, um künstlerische
in ihrer städtebaulichen
d soziale aktionen spielen sich
präsentationen und
die sich tagtäglich durch die

ng «meeting of protest» in der Stadtgalerie (bis 17.09.)
t die umrisse liegender menschen auf den strassen-
weisen auf fiktive tatorte. parallel zu ihrer
assen fotografien von schlafenden menschen in

09.09. 18h meeting point: «geranien-ode» [ein gesang] von Raphael Urweider, heiliggeistkirche (HB)
ie
h in seinen performances u.a. mit dem verhältnis zwischen der menschli-
start der drei ve-anstaltungsblöcke an verschiedenen markanten
userzeilen der ra hausgasse vor der Stadtgalerie spannen und sich selbst

im «pool» in der Stadtgalerie
«travelling» fährt Brigitte Zieger durch pariser unorte. eine kleine trauminsel begleitet sie auf
tions», zu der di «ürcher künstlerInnen Gaby Baldinger, Lilian Räber und Sabine Baumann gehören,
nkaufswagen zeigt alles andere als traumlandschaften: der supermarkt sieht typisch amerikanisch
ein ironischer abgesang auf die errungenschaften der kommerziell ausgerichteten städtearchitektur.
s pisspolizei überheidet durch zürich, auf männerfang.

05.08.-17.09. video rogramm im «pool» in der Stadtgalerie
unst», entwickelt. sieben künstlerInnen haben bestimmte orte in bern ausgewählt, u.a. eine
ist ein spezieller fefiniert. die Nullkunst-orte wurden fotografiert und von literatInnen
a als kunstwerk definiert. die Nullkunst-orte wurden fotografiert und von literatInnen
, Markus Wetzel, fotografie. Dominique Uldry, autorInnen: Samuel Herzog, Guy Krneta,
Anina Zimmermann.

05.08. ab 18h meeting point: mauer münsterplatz-plattform/badgasse [installation bis 24.08.]
in frankfurt am main. jetzt in new ya und paris. Jan Kopp wird hunderte von glühlampen-spots von
der münsterplatt'orm herunterhängen lassen, um den raum zwischen der unterstadt und der ober-
markieren. die hohe mauer ist ein romantisch-pittoresker und zugleich gefährlicher ort, der sowohl
tmordkandidatinnen wie von liebespärchen frequentiert wird. die festtagsdekoration ohne anlass
titel «bakunins party» und veru damit auf den anarchisten, der in bern begraben ist.

Markus Wetzel   ◇   05.08. ab 19.30h meeting point Kiosk [installation bis 20.08.]
05.08.-22.09.: «metros»-autogarage am waisenhausplatz
geb. 1963 in schaffhausen. lebt in zürich. Markus Wetzel macht die schweizer hauptstadt
zur met-opole. er wird den Kiosk in der lorraine in einen metro-eingang verwandeln
und eine zweite station in der tiefgarage «metros» im stadtzentrum am waisenhausplatz
einrichten. sein metro-eingang ist eine hommage an den verstorbenen Martin Kippenberger,
der einen seiner metro-zugänge auf der letzten documenta zeigte.

M
Y
MY

031 311 43 35

allmend]/bus 12 [schosshalde] - haltest. zytglogge ⊕ Kiosk ⊕ lorrainestr. 27/BE ⊕ vom HB bus 20 [wyler]-haltest. gewerbeschule

uning [Zürich] >>> cargo-TV [Basel] >>> Jens Haaning [Kopenhagen] >>> Nic Hess [Zürich]
dorf] >>> Heinrich Lüber [Basel] >>> Regina Möller [Berlin] >>> Marc Mouci [Bern]
s Productions [Zürich] >>> Michael Stauffer [Bern] >>> Philippe Winninger [Zürich].

Martin Woodtli [grafik], Bernhard Bischoff und Andrea Loux [projektrealisation], Jimmy Ochsenbein und Hans-Beat Moser [mitarbeiter Stadtgalerie].

bern, Berner Zeitung/bern, Schlachthaus Theater/bern, Roger Fischer [fotograf], Silvia Bergmann [barbetrieb], Laurent Scheid [website], mitarbeit: David Rebi [octograf] ⊗ kiosk «<halle>>/zürich
Schmiedenzunft/bern, ReisebÜro LTUR /bern, R. Klaus Plakanda AWI/bern, kiosk «<halle>>/bern, Das Magazin/zurich, verwaltung Metro-Autopark AG/bern, Nicasa wenkdorf/
vielen dank an future/zürich, fizzen, Kleider und Accessoires/bern, Kitchener boutique/bern, Roger Stämpfli LDEG-AG/bern, Galerie Neu/berlin, Ochsner Sport/bern,
der Vereinigung fÜr Bern, Migros Kulturprozent und Pro Helvetia
mit freundlicher unterstützung von: Stadt und Kanton Bern sowie der Berner Kantonalen Kommission fÜr Kunst und Architektur,

a	b	c	d	e	f	g	h	i	j	k	l	m

r	s	t	u	v	w	x	y	z	$	0	1	2	3

expose_public_messages 09/20/00
PANTONE reflex blue U plate_03

programm on the spot 02

Freie Büroral

Konzept und Projektleitung: Leiterin der Berner Stadtgalerie
Beate Engel, Leiterin der Berner Stadtgalerie
Karsen Rast, Kuratorin Niccé Bern
projektmitarbeit:
Bernhard Bischoff, Andrea Loux

die Stadtgalerie und der Kiosk
produktionsformen im öffentli
struktur unter die lupe nehmen
auf der strecke zwischen der
diskussionen zum thema zur ver
on the spot 02 konzentriert si
künstler und künstlerinnen nu

Michael Stauffer ◇ **23.09. llh, meeting p**
geb. 1972 in winterthur, lebt in bern. der au
ideen und wünsche in den theaterladen, wo
schon immer gerne mal einen schriftsteller
strategie für die vernichtung eines verhass
kooperationsprojekt mit dem Schlachthaus

Heinrich Lüber ◇ **23**
geb. 1961 in wattwil SG, le
tektonischen baukörper
die sich auf dem weg zu

Marc
geb.
nähe
die b
buch
doku

zwischen geschützter intimität und blankem voyeurismus [28.10.-25.11.]

in der Stadtgalerie MI/FR 16h-20h, SA/SO 13h-16h, t+f 031 311 43 35 vorschau: on the spot 03 «secret spots» bewegt sich in spannungsfeld

weitere infos über die beteiligten künstlerinnen und ihre projekte, über workshops, führungen etc. unter www.onthespot.ch und

streifen, um nach kunst in der stadt zu suchen. die stadtimpressionen der drei werden in einem bekannten wochenmagazin veröffentlicht.

gebieten zusammen. er plant, gemeinsam mit der schwedischen künstlerin elin wikström und mit dem journalisten max küng einen tag lang durch bern zu

Hinrich Sachs ☀ mitte oktober, medinintervention, «das magazin»

geb. 1963 in osnabrück, lebt in basel. in seinen projekten kreiert hinrich sachs spezielle ereignisse oder bringt spezialistinnen aus verschiedenen

teil 01 ◇ city tracks ◇ 05.08.-22.09.

geben.

ns site-spezifisch ein. dabei werden reale räume imaginär und umgekehrt. seit

3. von puma, shell oder nike, die er minimal variiert und in eigene figurationen ver-

se 27 [installation vom 06.09.-22.10]

lerische positionen innerhalb eines sich ändernden politischen kontextes?

oliticking of representation.» [neville dubow] welche rolle spielt «public

wer ist die öffentlichkeit?
wo ist die kunst?
wie treffen sie sich?

den kuratoren zayd minty und stephen hobbs in der Stadtgalerie

comic-strip für die berner zeitung produzieren, der sich auf die schweiz bezieht.

«regina» werden in der Stadtgalerie sowie in kioskläden und buchhandlungen in bern

en fotografinnen, designerinnen und autorinnen zusammen. ihre arbeiten hinter-

einander, indem sie ihr eigenes label «embodiment» gründete oder die frauen-mode-

für nichts anderes gemacht.»

bers.gut aussieht, wie frau/mann eigentlich aussieht. «wir sehen gut aus und

accessoires - wir sehen immer so gut aus», dreht sich um den kleidertausch und

1 mit sabina baumann, gaby balzinger und lilian räber macht grundsätzlich alles und

«second hand - wir sehen immer so gut aus»: fizzen, kleider & accessoires, bollwerk 17

die in berlin uriftritt, seine arbeiten werden mit der warenwelt im LOEB konfrontiert.

au...ein fiktive selbstentwickelte symbole, wie das logo «elektro» seines kunst-

...ket an den schnittstellen von markt, konsum, clubleben und bildender kunst, in

...bekannten logos, die er minim verändert, neben den bekannten, verfremdeten

eu...low frog (LOEB AG), Christoffel-unterführung

in wellness-pose, auf dem video «sport» präsentieren sie ihr eigenes fitness-

ist...inszenieren sich in mannigfacher ausführung als ausgestopfte puppenklone

ochsner-Sportgeschäft, bahnholplatz 9, abwechselnd i. oder 3. stock

eb. 1967, die unter dem produktlabel L/B arbeiten, bewegen sich im zwischenraum

antlichen betteins mit der immer wichtiger werdenden rolle der robotik in der

mer à stutz?». nach dem einwurf bedankt sich der roboter für die gabe. der künstler

orf wird einen roboter vor dem warenhaus LOEB aufstellen, der die passantinnen

mer à stütz?»: warenhaus LOEB, eingang, spitalgasse

fee, mit einer seltsam überhöhten körpersprache, in der sich exhibitionistische und

gt sich in ihren performances und videoarbeiten mit vorgefundenem material aus der

my obsession» setzt sie sich mit dem ritualisierten verhalten einer tu-moderatorin

my obsession»: reisebüro L-TUR Tourismus, kramgasse 77

beiträge von >>> Steven Bachelder (Stockholm) >>> Vera Bourgeois (Frankfurt) >>>
(Kopenhagen) >>> Jomini/Reist (Bern) >>> Nic Hess (Zürich) >>> Mathilde ter Heijne (Berlin) >>> Anne
>>> Muda Mathis (Basel) >>> Marc Mouci (Bern) >>> Regina Möller (Berlin) >>>
Michael Stauffer (Bern) >>> Stöckerselig (Basel) >>> S.U.S.I. mit Peter Brand, Martin Guldimann u. And

eine kooperati...
Stadtgalerie
Jomini/R...
Schwand...
beiträge

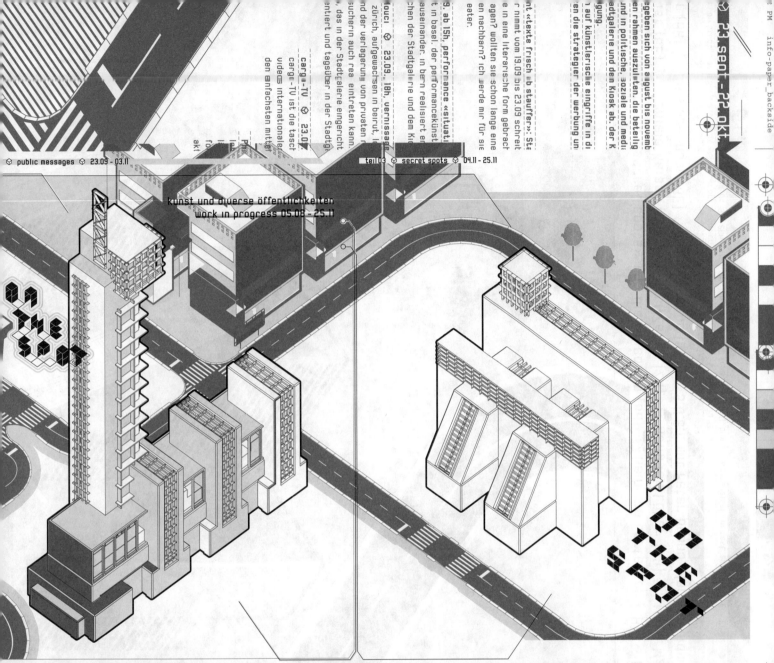

public messages ◇ 23.09 - 03.11

teil 03 ◇ secret spots ◇ 04.11 - 25.11

kunst und diverse öffentlichkeiten
work in progress 05.08 - 25.11

carga -TV ◇ 23.07

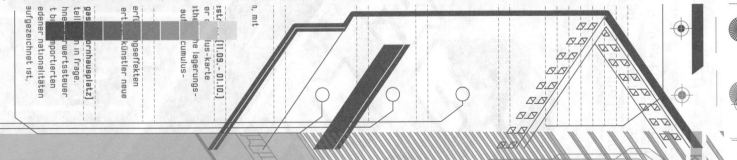

Büchel (Basel/Berlin) ››› Daniele Buetti (Zürich) ››› Olaf Breuning (Zürich) ››› … ››› Andrea Fraser (New York) ››› Peter Friedl (Berlin/Basel) ››› Heinrich Gartentor (Thun) ››› Jens Haaning … ››› San Keller (Zürich) ››› Daniel Knorr (Berlin) ››› … ››› Köppl/Zacek (Zürich) ››› Heinrich Lüber (Basel) ››› ››› Daniel Pflumm (Berlin) ››› Renée Kool (Amsterdam) ››› Hinrichs Sachs (Basel) ››› Karoline Schreiber (Zürich) ››› Markus Schwander (Basel) ››› Sexismus Productions (Zürich) ››› Nika Spalinger (Bern) ››› ch/Bern) ››› Sybilla Walpen (Bern) ››› … ››› Philippe Winniger (Zürich) ››› … ››› L/B (Burgdorf) ››› Cult-TV (Basel).

zu on the spot 03 «secret spots» von Dias/Riedweg [BA] >>> Heinrich Gartentor [TH] >>> Mathilde ter Heijne [Berlin] >>> Ann

ist [BE] >>> Daniela Keiser [ZH] >>> Köppl/Zacek [ZH] >>> Heinrich Lüber [BA] >>> Muda Mathis [BA] >>> Karoline Schreiber (

r [BA] >>> Nika Spalinger [BE] >>> Stöckerselig [BA] >>> S.U.S.I. mit Peter Brand, Martin Guldimann u. Andrea Loux [ZH/BE] >>> Sybi

von Stadtgalerie Bern und Kiosk   ●   www.onthespot.ch   ●   kontakt@onthespot.ch   ●   t+f 031 311 43 35

rathausgasse 22/BE   ●   MI/FR 16h-18.30h, Do 16h-20h, SA/SO 13h-16h   ●   vom HB tram 9 (allmend)/bus 12 (schosshalde) - haltest. zytglogge

von Stadtgalerie Bern und Kiosk   ●   Kiosk   ●   lorrainestr. 27/BE   ●   vom HB bus 20 (wyler)-haltest. gewer

ose_secret spots   31/10/00   04:36 AM   info-paper_frontispiece

PANTONE 801 U plate_05

PANTONE 877 U plate_06

d diverse öffentlichkeiten ◆ work in progress 05.08.-25.11. ◆ teil 03 ◆ secret spots ◆ 03.11.-25.11.

er ist die öffentlichkeit?

o ist die kunst?

ie treffen sie sich?

teil01 ⊙ city tracks ⊙ 05.08 - 22.09

wer ist die öffentlichkeit?
wo ist die kunst?
wie treffen sie sich?

beiträge von >>> Steven Bachelder [Stockholm] >>> Vera Bourgeois [Frankfurt] >>> ...
[Kopenhagen] >>> Jomini/Reist [Bern] >>> Nic Hess [Zürich] >>> Mathilde ter Heijne [Berlin] >>> Anne
>>> Muda Mathis [Basel] >>> Marc Mouci [Bern] >>> Regina Möller [Berlin] >>>
Michael Stauffer [Bern] >>> Stöckerselig [Basel] >>> S.U.S.I. mit Peter Brand, Martin Guldimann u. An

Heinrich Lüber, lorrainestrasse
geb. 1961 lebt in basel, setzt sich in seinen performances u.a. mit dem verhältnis zwischen der menschlichen figur und architektonischen baukörpern
auseinander. ... der stadtgalerie und im stadtzentrum performt hat, wird er seine dritte performance

Heinrich Lüber ⊙ 25.11., ab 18h, performance «situation 03», GIBB neubau, lorrainestrasse

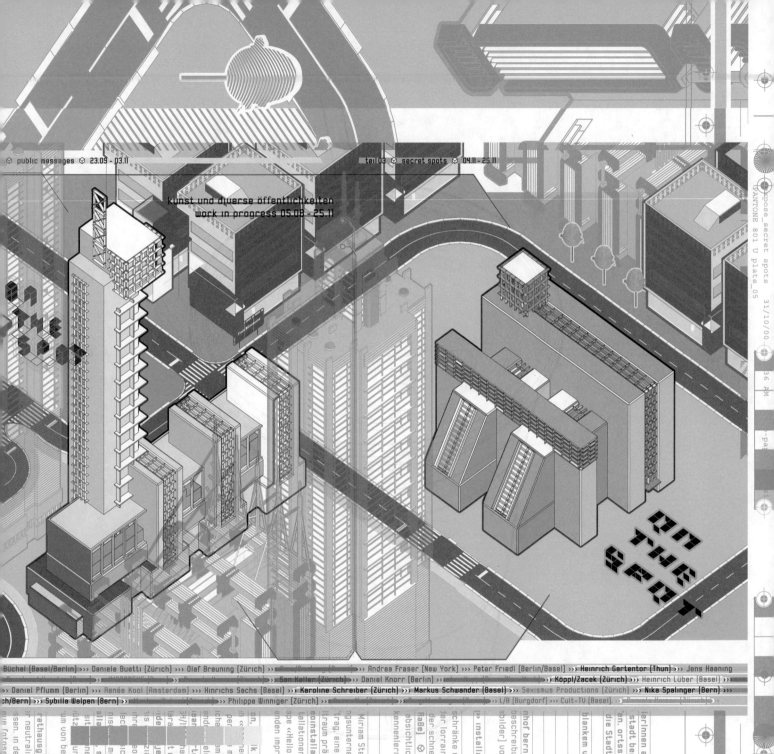

kunst und diverse öffentlichkeiten
work in progress 05.08 - 25.11

expose secret spots 31/10/00
PANTONE 801 U plate_05
36 AM

Büchel (Basel/Berlin) >>> Daniele Buetti (Zürich) >>> Olaf Breuning (Zürich) >>> Andrea Fraser (New York) >>> Peter Friedl (Berlin/Basel) >>> Heinrich Gartentor (Thun) >>> Jens Haaning >>> ... >>> San Keller (Zürich) >>> Daniel Knorr (Berlin) >>> Köppl/Zacek (Zürich) >>> Heinrich Lüber (Basel) >>> >>> Daniel Pflumm (Berlin) >>> Renée Kool (Amsterdam) >>> Hinrichs Sachs (Basel) >>> Karoline Schreiber (Zürich) >>> Markus Schwander (Basel) >>> Sexismus Productions (Zürich) >>> Nika Spalinger (Bern) >>> ch/Bern) >>> Sybilla Walpen (Bern) >>> ... >>> Philippe Winniger (Zürich) >>> ... >>> L/B (Burgdorf) >>> Cult-TV (Basel).

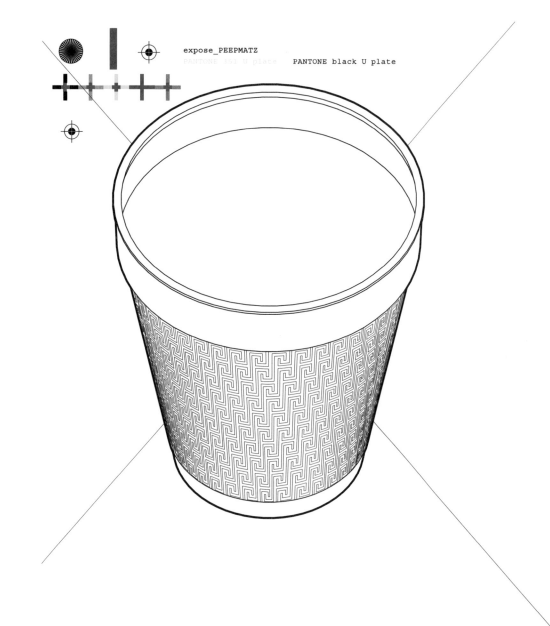

expose_PEEPMATZ

PANTONE 151 U plate   PANTONE black U plate

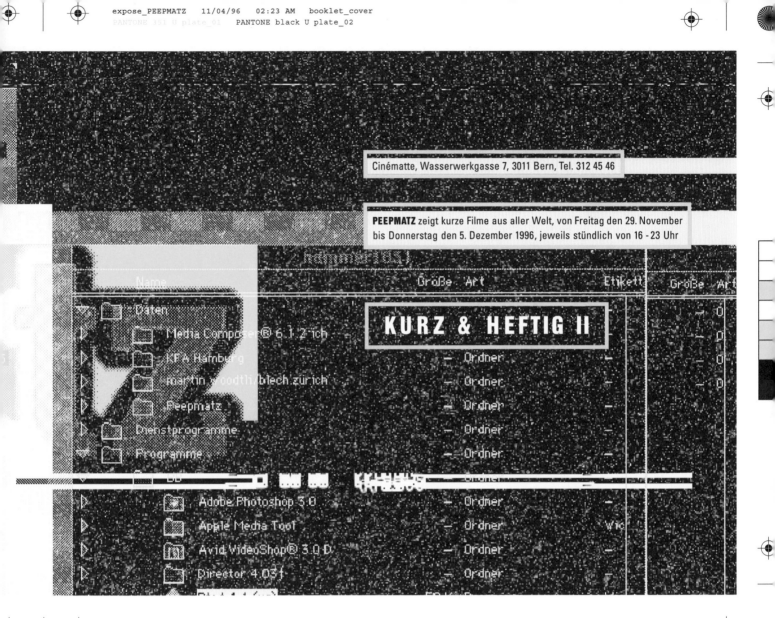

Cinématte, Wasserwerkgasse 7, 3011 Bern, Tel. 312 45 46

PEEPMATZ zeigt kurze Filme aus aller Welt, von Freitag den 29. November
bis Donnerstag den 5. Dezember 1996, jeweils stündlich von 16 - 23 Uhr

KURZ & HEFTIG II

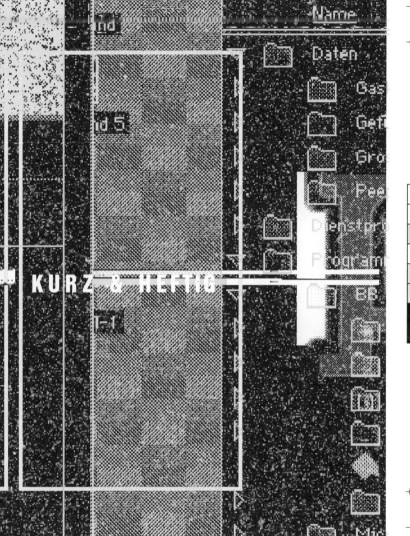

e **Zweite** "You are coming with me!"

 beginnt "Holding the Viewer" und

e Entführung in die Welt des kurzen

erden die Augen, die auf dem Weg

hrige Festival erneut dem ganzen

licher Erfahrungen ausgesetzt wer-

endem Lachen wird wutentbrannte

erende Beklemmung oder verklärte

öst. Eine Entführung also, bei der die

nden, sondern weit geöffnet werden.

ichelhaften Publikumsecho auf die

"Kurz und Heftig", hat sich **PEEPMATZ**

ssen, wieder internationale Kurzfilme

en. Es sind Filme, die in der heutigen

tig kämpfen müssen, um neben den

attenwerfern noch genügend Licht

erlebenswichtiges Licht, das sie an

d des Kinos wirft, denn erst dort kön-

raft und Schönheit entfalten.

tten Dosis taucht Lengé ein Ge-

der Baka-Pygmäen aus Kamerun,

chichte werden die Augen wieder in

en, denn spätestens in "Gbanga Tita"

der nicht alleine vor den Augen ent-

hen auch dahinter.

KURZ & HEFTIG

Name
Daten
Gas
Get
Gro
Pee
Dienstpr
Program
BB

DJ Raf
(No Vartis)
Freitag
29. Nov. 96
ab 23 Uhr,
Cinématte
Bern

PEEPMATZPARTY

C M Y CM MY CY K

File · Edit · Conversion

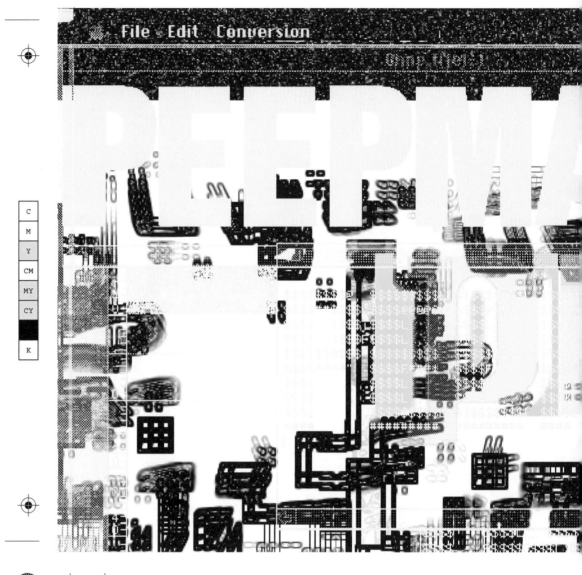

C
M
Y
CM
MY
CY
K

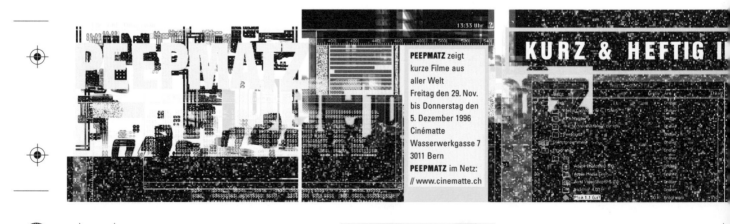

KURZ & HEFTIG I

PEEPMATZ zeigt
kurze Filme aus
aller Welt
Freitag den 29. Nov.
bis Donnerstag den
5. Dezember 1996
Cinématte
Wasserwerkgasse 7
3011 Bern
PEEPMATZ im Netz:
// www.cinematte.ch

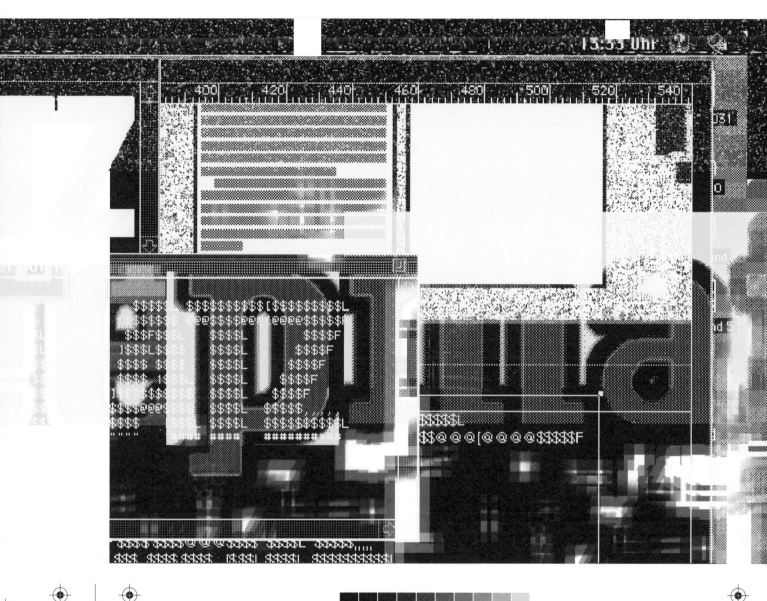

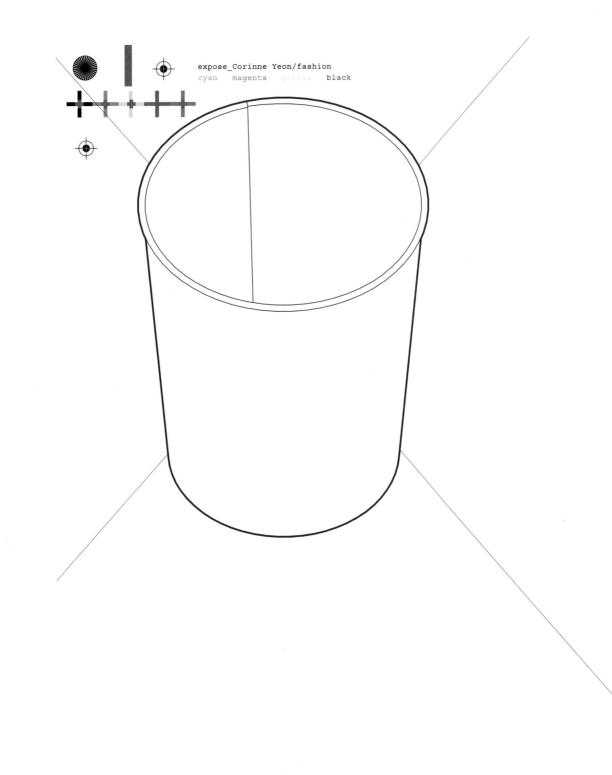

expose_Corinne Yeon/fashion
cyan   magenta   yellow   black

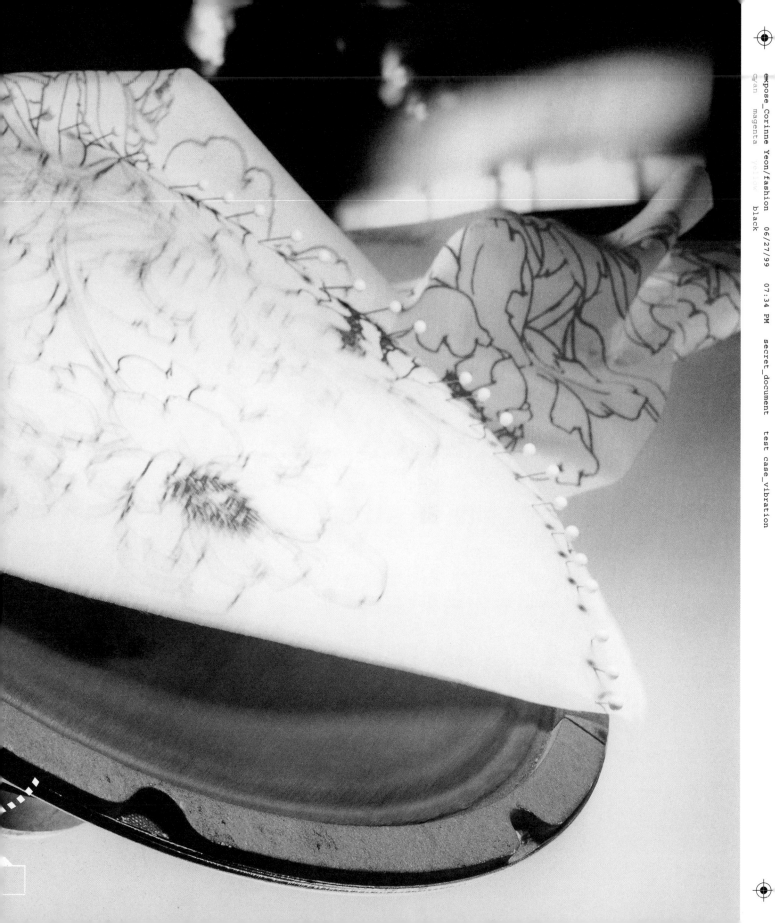

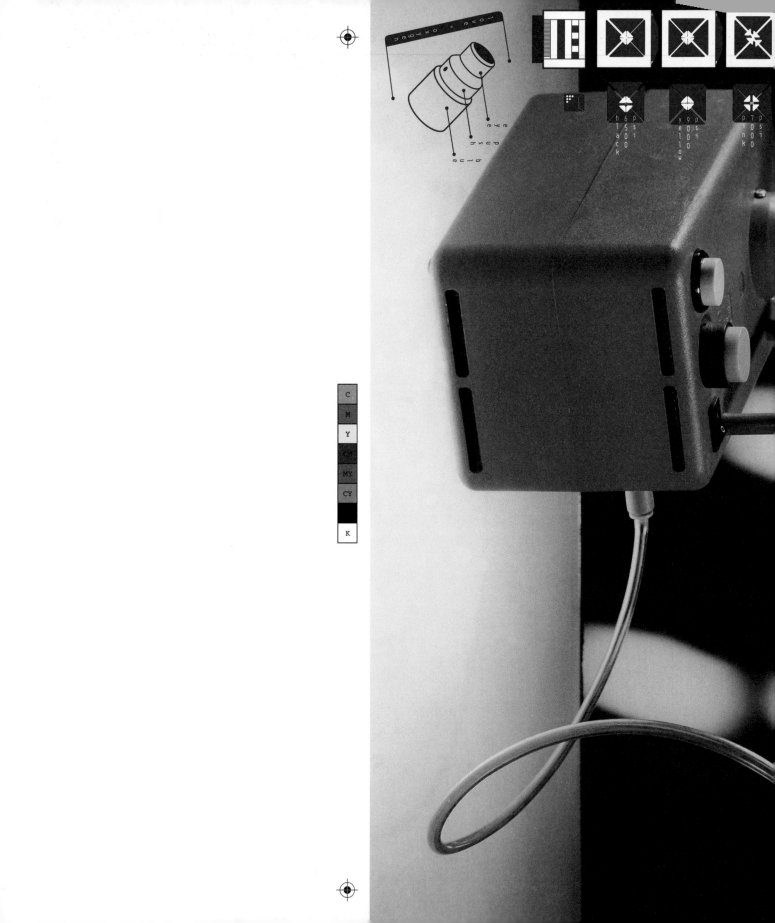

expose_Corinne Yeon/fashion 06/28/99   10:36 AM   secret_document   test case_pressure

cyan magenta yellow black

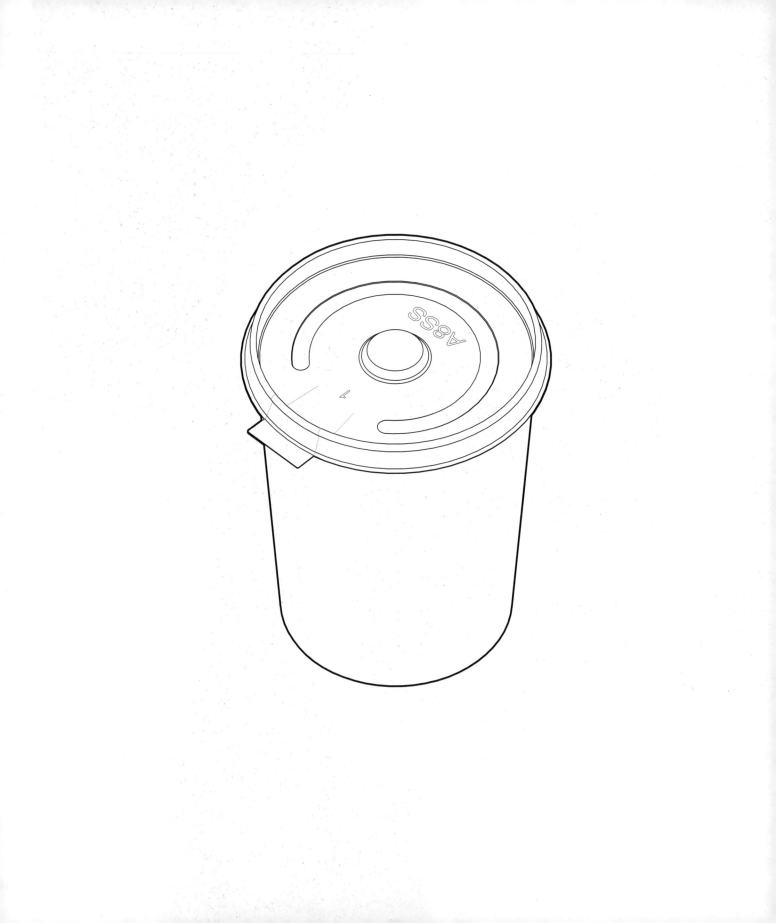

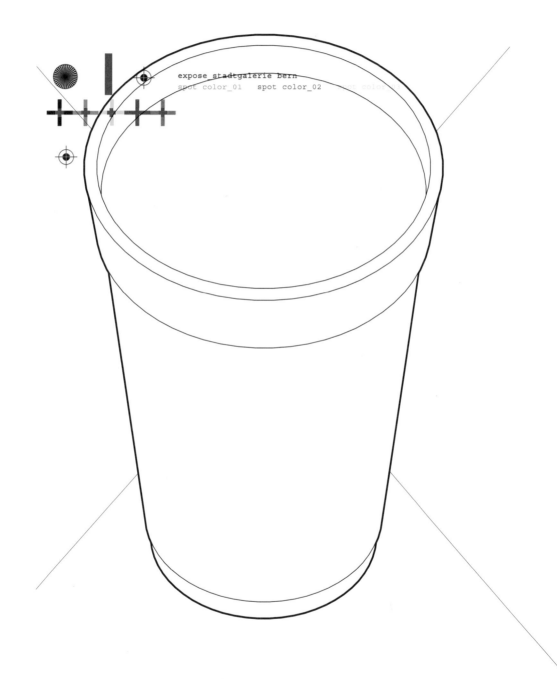

expose_stadtgalerie bern
spot color_01   spot color_02

PANTONE 8781 U plate_02   PANTONE 812 U plate_01

expose_black cat's   04/11/99   08:05 PM   flyer_01
PANTONE 8781 U plate_02   PANTONE 812 U plate_01

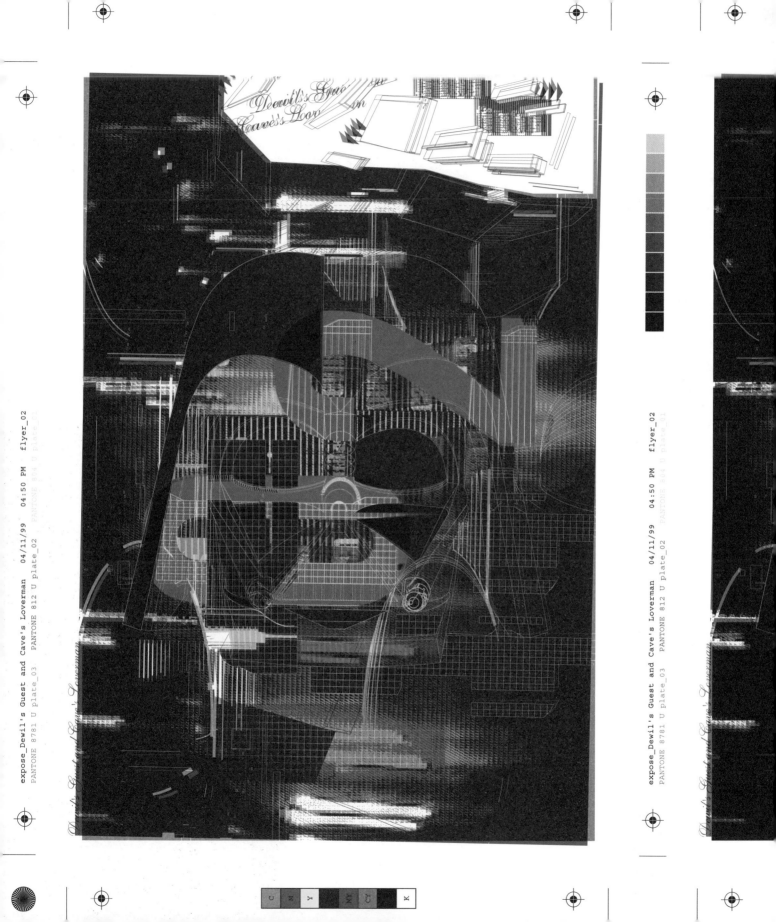

expose_Dewil's Guest and Cave's Loverman   04/11/99   04:50 PM   flyer_02
PANTONE 8781 U plate_03.   PANTONE 812 U plate_02   PANTONE 804 U plate_01

expose_Dewil's Guest and Cave's Loverman   04/11/99   04:50 PM   flyer_02
PANTONE 8781 U plate_03   PANTONE 812 U plate_02   PANTONE 804 U plate_01

TAGDER
ARBEIT

VEB-VOLKSEIGENER-BETRIEB-STADTGALERIE BERN

rundgang durch berner künst
am 1. mai und 2. mai 1999

lerInnenateliers

font_fromdoo-rtodoor   03/12/99   03:22 AM
black

✝	a	!.	c	d	e	f	g	h	i	j
	A	B	C	D	E	F	G	H	I	J
✝	r	s	t	u	v	w	x	y	z	$
	R	S	T	U	V	W	X	Y	Z	

expose_from door to door   04/11/99   08:25 PM   poster_backside
magenta   yellow   black

Das Programm
zur Neueröff

«from d
Sa. 1. N
Längga
Nr./Nrs
Sa. 1.
Rossi
Nr.:in
So.
We
Nr.
S

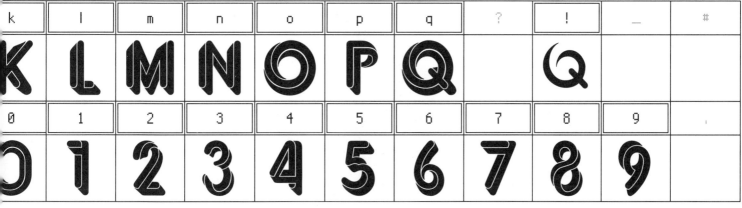

k	l	m	n	o	p	q	?	!	_	#
K	L	M	N	O	P	Q		Q		

0	1	2	3	4	5	6	7	8	9	.
0	1	2	3	4	5	6	7	8	9	

C

DAS PROGRAMM

durchgehend «der Kurator kommt»
Videoinstallation von Manuel Stagers
Ort: Kiosk, Lorrainestr. 27

D

DIE ADRESSEN

ab dem **1. Mai 1999** ein Jahr lang für die
Stadtgalerie unterwegs; Rutishauser/Kühn:
«MZK–Museum für zeitgenössische Kunst»
Mobiles Plakatdisplay

vom 1. & 2. Mai
ng der Stadtgalerie

1. Mai ab 20.30h Michel und «ec–bar»
mit Regula Michell und Du Punky
2. Regula von nolesfeld.
mit Videos von Stefan Banz,
Carlo Lischetti, Chantal Michel u.a.
Mo. Diener, Rathausgasse 22, Keller
Ort: Stadtgalerie, Rathausgasse 22, Keller

1. Mai ab 20.30h «ec–bar»
mit Regula Michell und Manuel Stagers
2. Regula Michell und Du Punky
Ort: Kiosk, Lorrainestr. 27

10 Fischer Alexander
Längassstrasse 30
301 61 63 1.Mai/11h–18h

11 Freudiger Christine
Tulpenweg 10
301 61 63

12 Grogg Christian
Murtenstrasse 113
079 313 63 26 2.Mai/13h–18h

13 Guldimann Martin
Tscharnerstrasse 39a
382 51 74 2.Mai/13h–18h

14 Haag Filip
Stauffacherstrasse 80 1.Mai/13h–17h

15 Hensler Markus
Laubeggstrasse 34
351 14 13

16 Lischetti Carlo E.
Güterstrasse 8
381 86 63 2.Mai/13h–17h

17 Moser Ka
Eigerstrasse 50
372 00 83 2.Mai/13h–17h

18 Neis Carla
Hubacherweg 14
Liebefeld

19 nolesfeld
Steuwehrrain 8
305 84 69 1.Mai/13h–17h

20 SfG Bern Ateliers
Fellerstrasse 11
992 42 07 2.Mai/11h–18h

21 Siegenthaler Rolf
Turmweg 15
333 50 55 1.Mai/11h–18h

22 Straumann Jürg
Weissenbühlweg 32
372 81 44 2.Mai/11h–17h

23 Seidenweg 42
302 40 58 1.Mai/11h–18h

24 Wirz Katrin
Viktoriarain 3
331 75 42

25 Wankdorf West
Papiermühlestr. 71b
Dodson Diana 1.Mai/13h–17h
332 90 60

design by woodtli/ZH

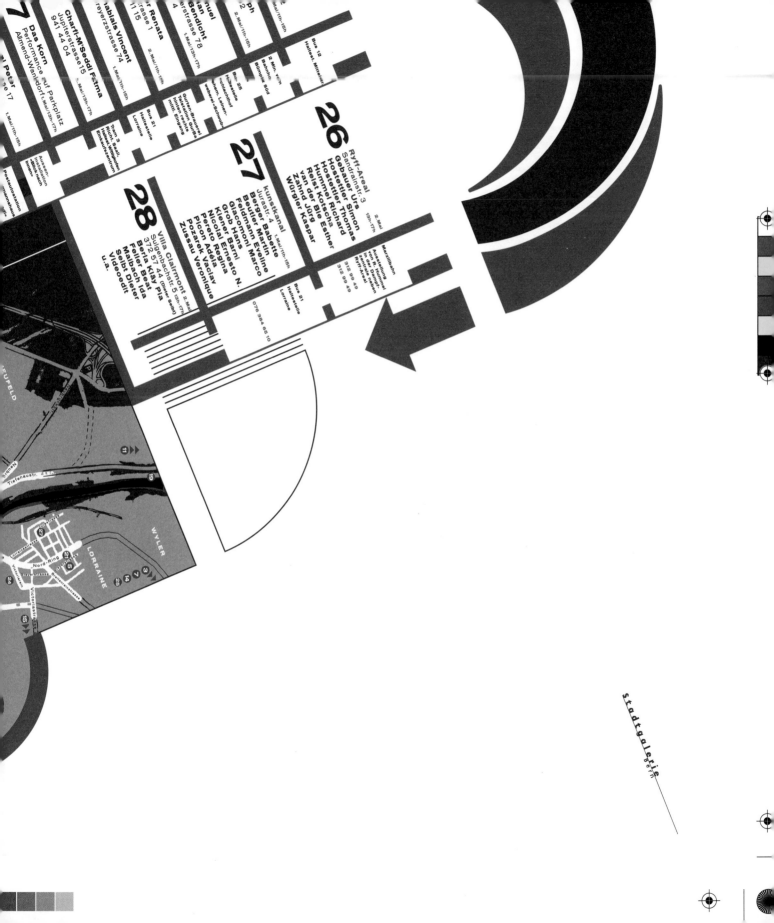

26 Ryff-Areal
Sandrainstr. 3   2. Mai 13h–17h
Gebauer Simon
Hostettler Thomas
Hummel Kotscha
Reist Bie Esther
van der Jürg
Zahnd Urs
Würgler Kaspar

Ausstellung
von R. Hummel
in der Dampf-
zentrale gegen
Ryff-Areal
312 99 49
312 99 49

27 kunstkanal
Jurastr. 4   1. Mai 11h–18h
Berger Babette
Beutler Martin
Feldmann Eveline
Giacomoni Marco
Grob Hans
Kienbr Barni
Nicolai Ernesto N.
Pereto Regina
Picon Adéla
Pozarek Vaclav
Zussau Veronique

Bus 21
Haltestelle
Lorraine

076 384 85 10

28 Villa Clairmont
Sulgenbachstr. 5 (Dieter Seibt)
372 57 44   2. Mai 13h–17h
Berla Beat
Beller Klay Pia
Malbach Ida
Selbt Dieter
Videoedit
u.a.

Das Korn
Performance auf Parkplatz
Allmend-Wabidorf 1. Mai 13h–17h
Jupiterstrasse15
941 44 04

Charf-M'Seddi Fatma
1. Mai 11h–18h

stadtgalerie bern

expose_eine Insel   06/01/99   07:35 AM   flyer_03
PANTONE 357 U plate_03   PANTONE 375 U plate_02

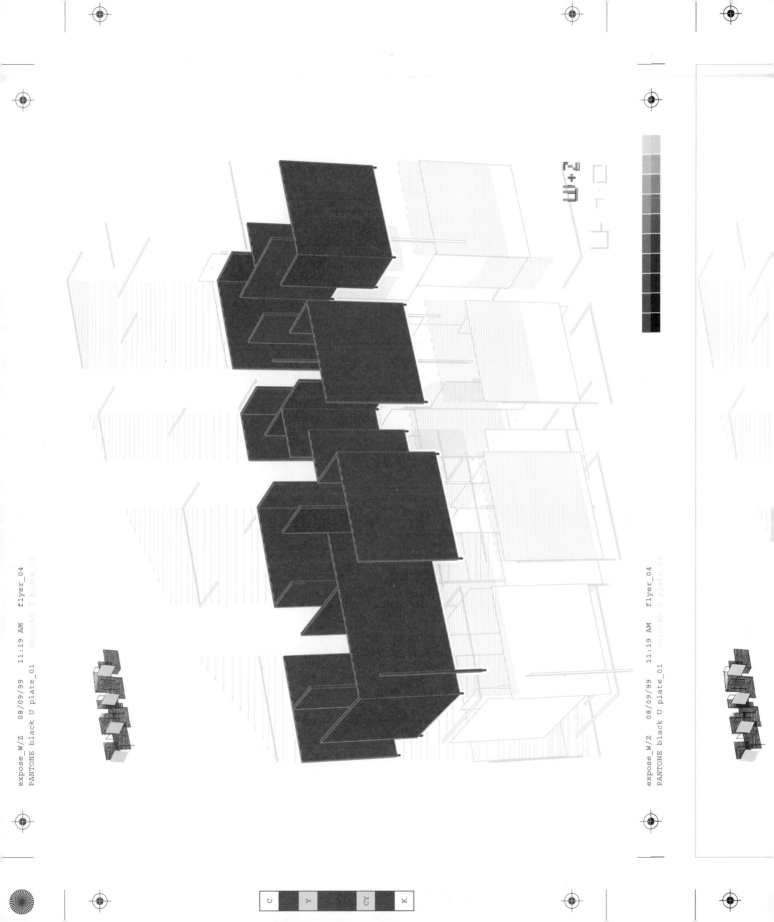

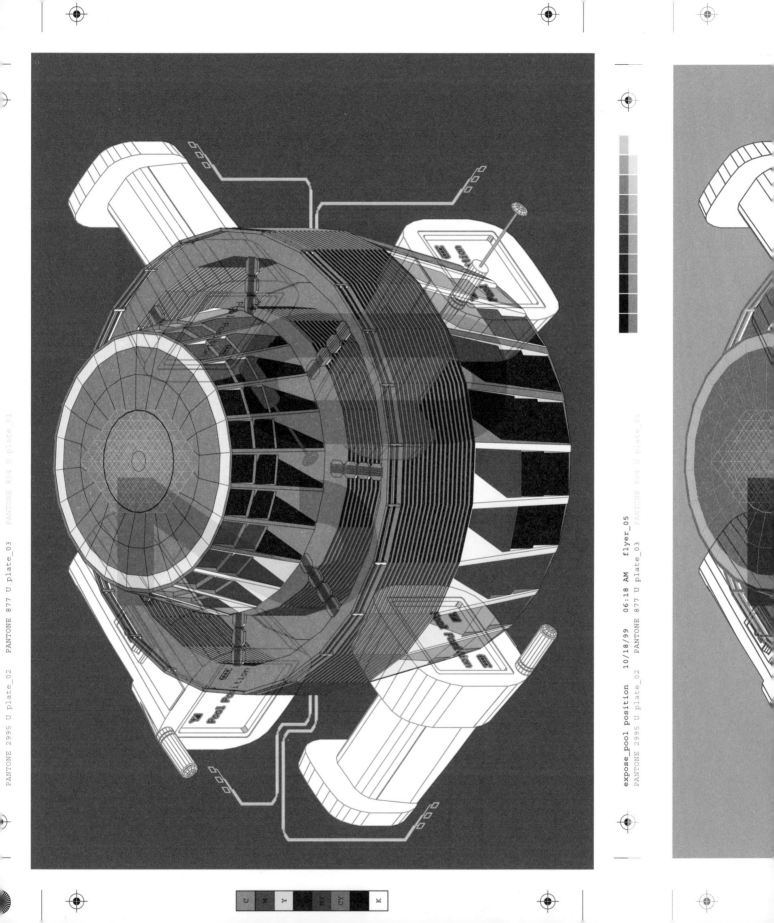

expose_pool position   10/18/99   06:18 AM   flyer_05
PANTONE 2995 U plate_02   PANTONE 877 U plate_03   PANTONE 804 U plate_01

expose_quadratum & articulare   12/20/99   02:01 PM   flyer_06
PANTONE black 3 U plate_02   PANTONE 805 U plate_01

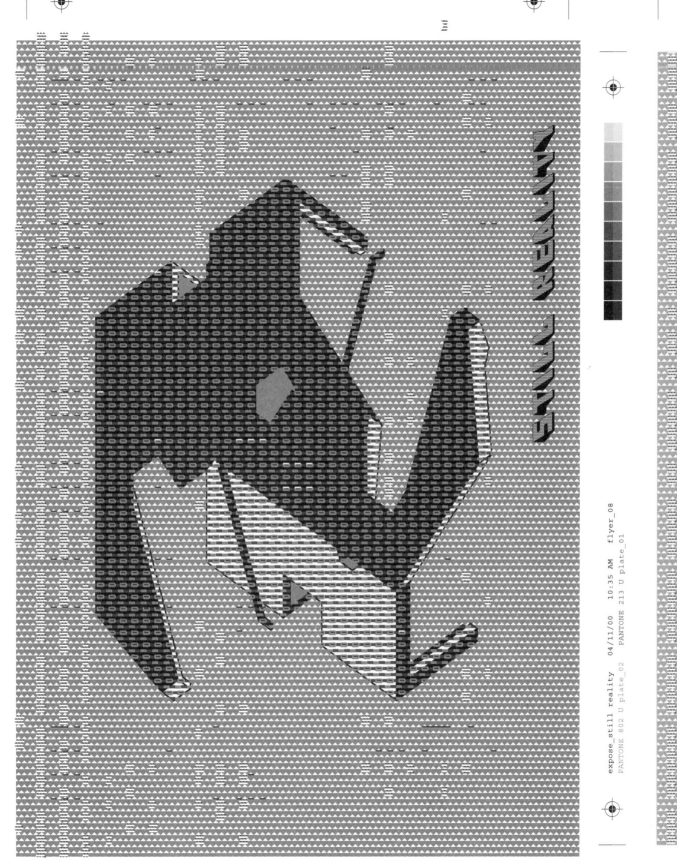

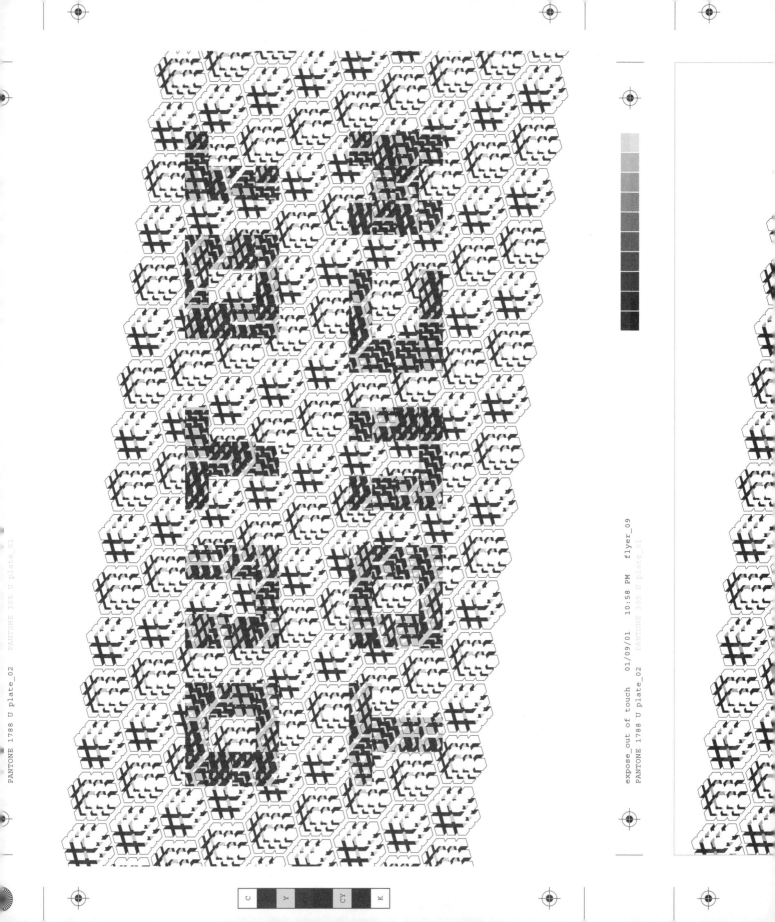

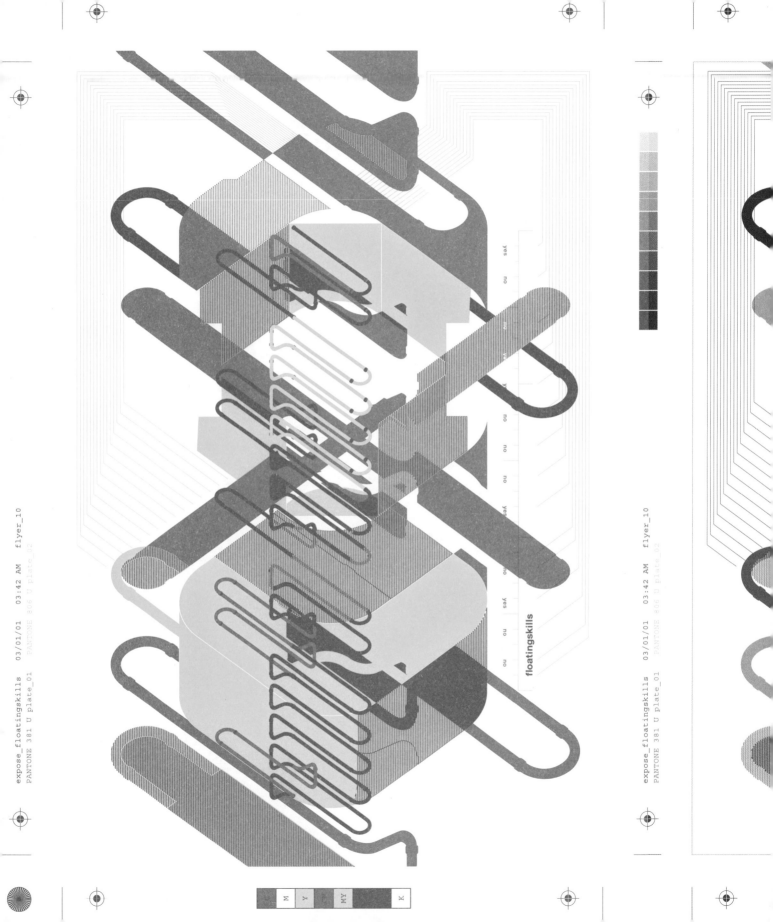

floatingskills

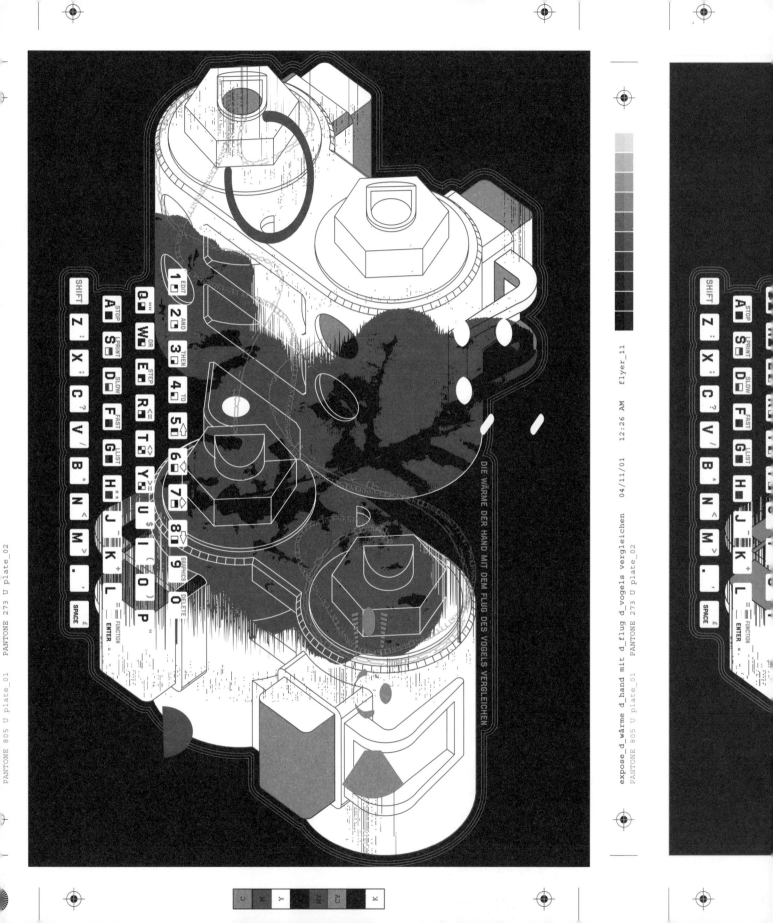

expose_d_wärme d_hand mit d_flug d_vogels vergleichen   04/11/01   12:26 AM   flyer_11

DIE WÄRME DER HAND MIT DEM FLUG DES VOGELS VERGLEICHEN

PANTONE 805 U plate_01   PANTONE 273 U plate_02

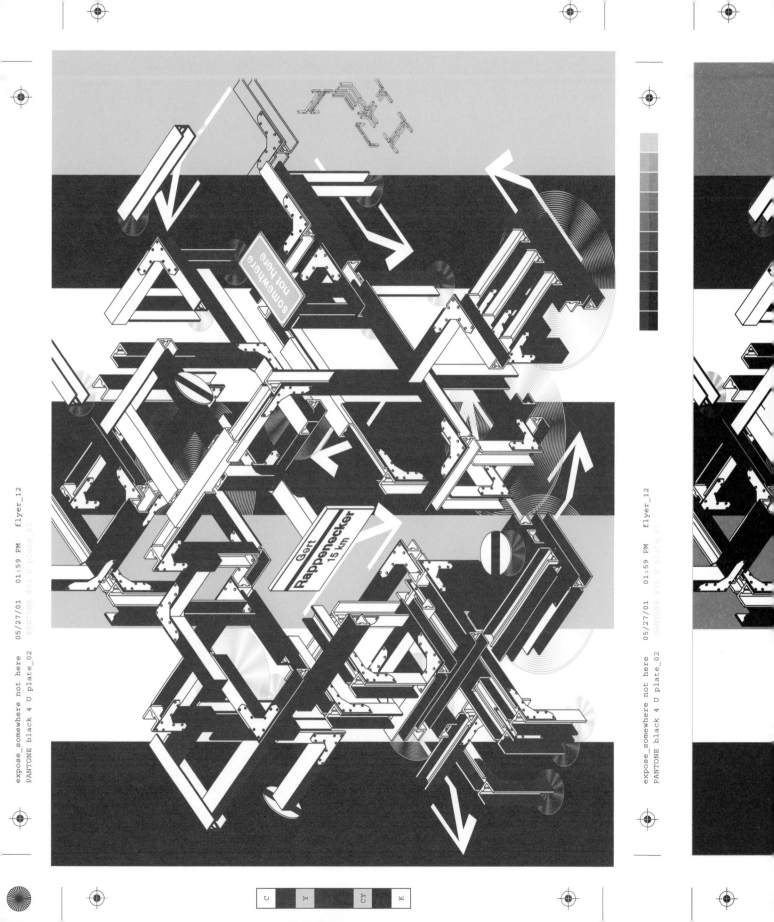

somewhere
not here

Gert
Rappenecker
15 km

C   Y   CY   K

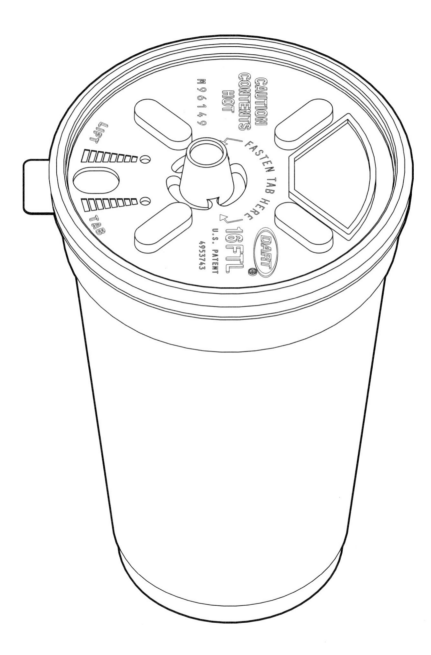

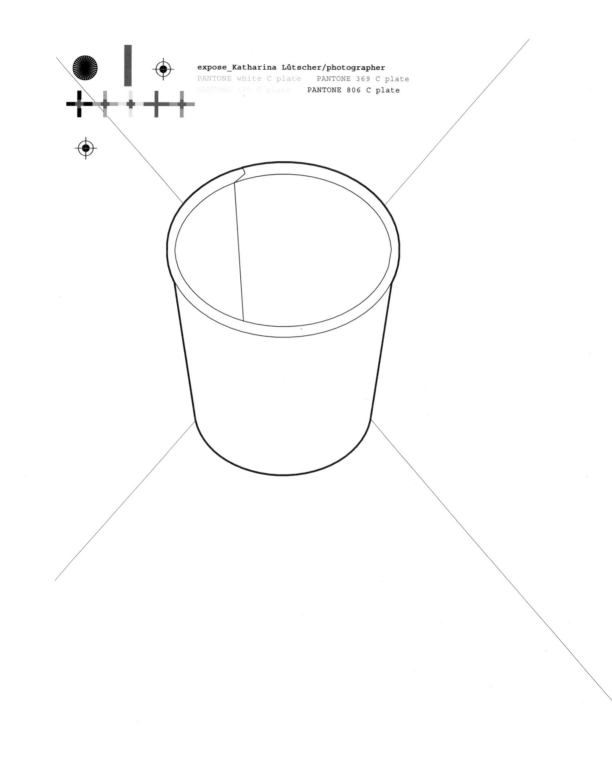

expose_Katharina Lütscher/photographer
PANTONE white C plate   PANTONE 369 C plate
PANTONE 375 C plate   **PANTONE 806 C plate**

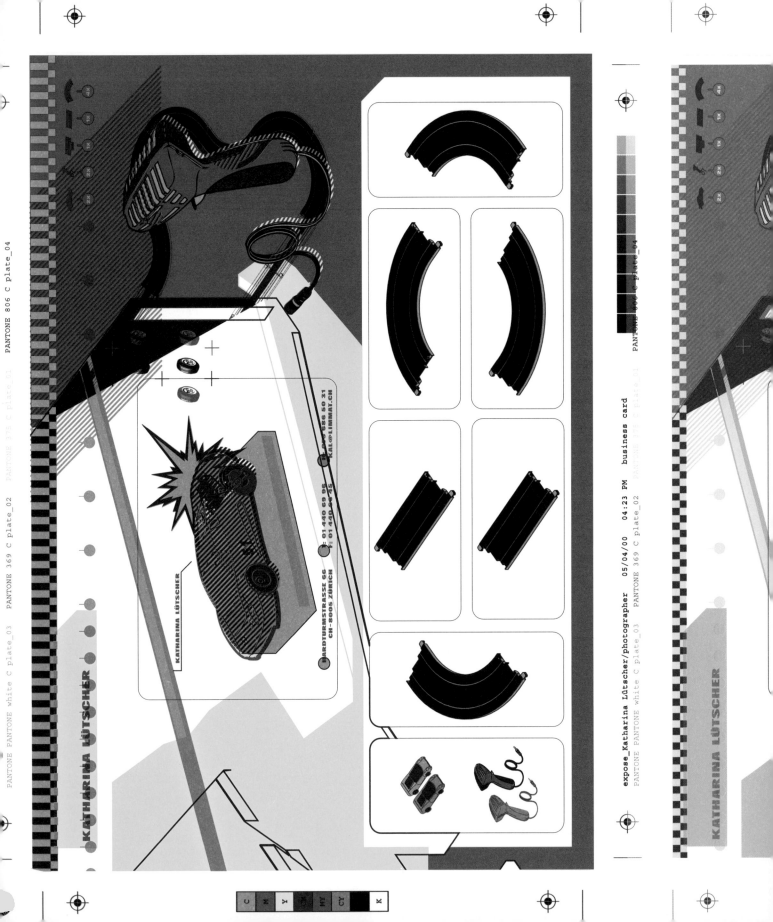

KATHARINA LÜTSCHER

KATHARINA LÜTSCHER

HARDTURMSTRASSE 66
CH-8005 ZURICH

T: 01 440 69 95
F: 01 440 66 45
M: 079 686 50 31
KAI@LIMMAT.CH

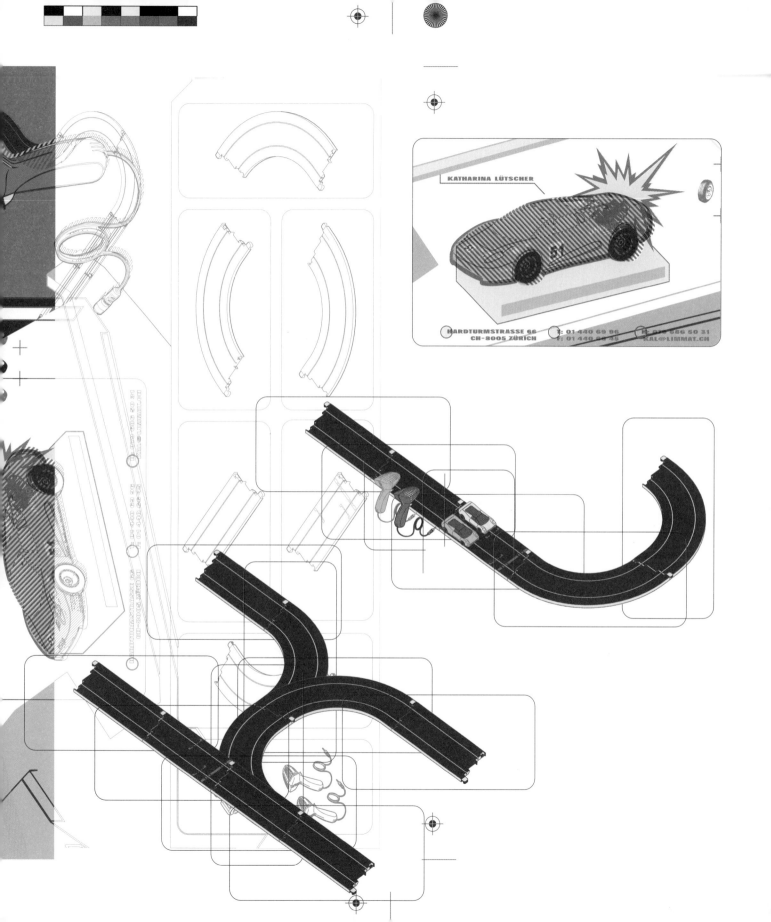

KATHARINA LÜTSCHER

HARDTURMSTRASSE 66
CH-8005 ZÜRICH
T: 01 440 69 96
F: 01 440 69 46
M: 079 586 50 31
KAL@LIMMAT.CH

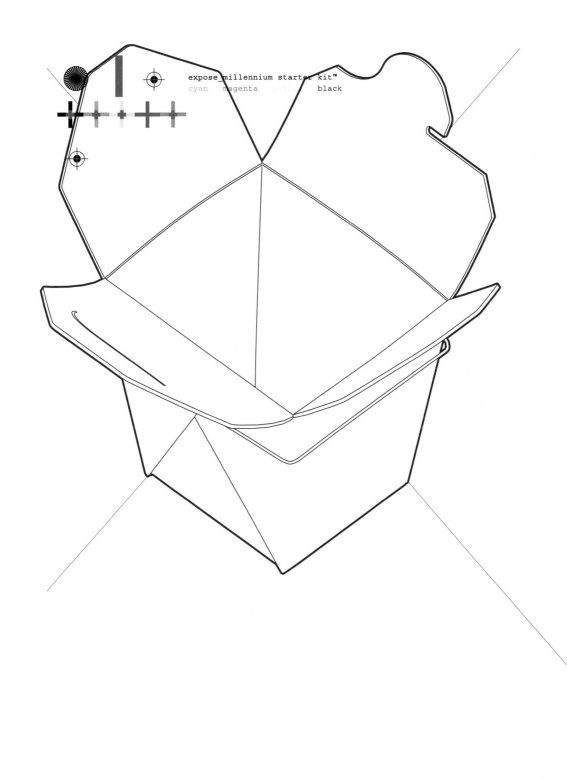

expose_millennium starter kit™
cyan   magenta   yellow   black

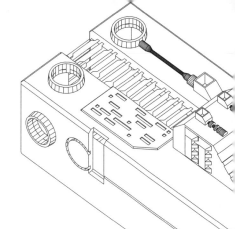

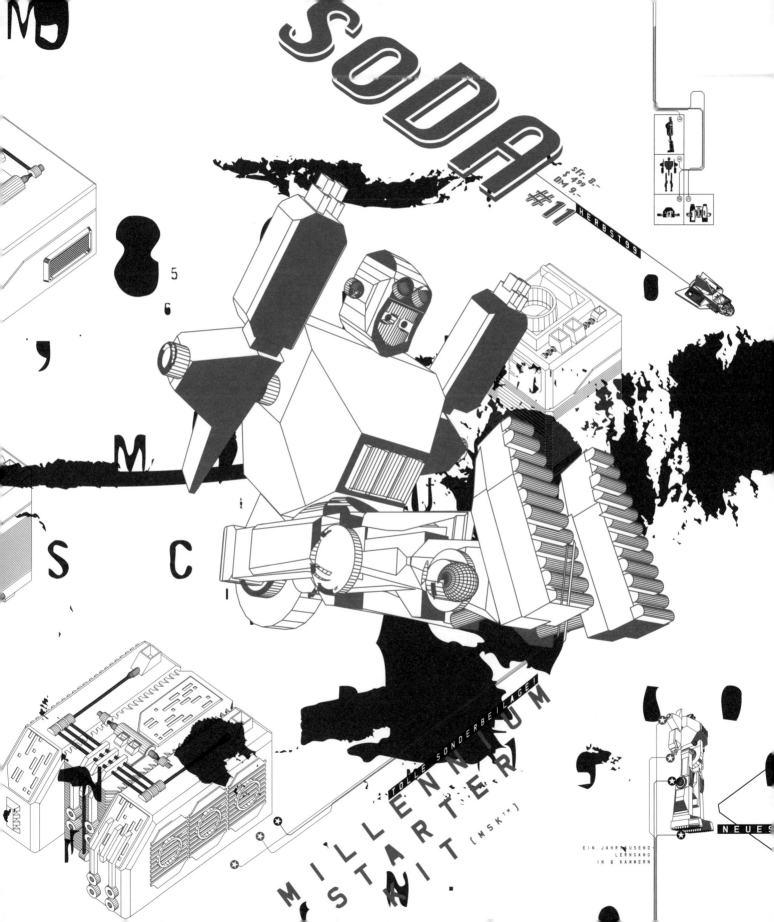

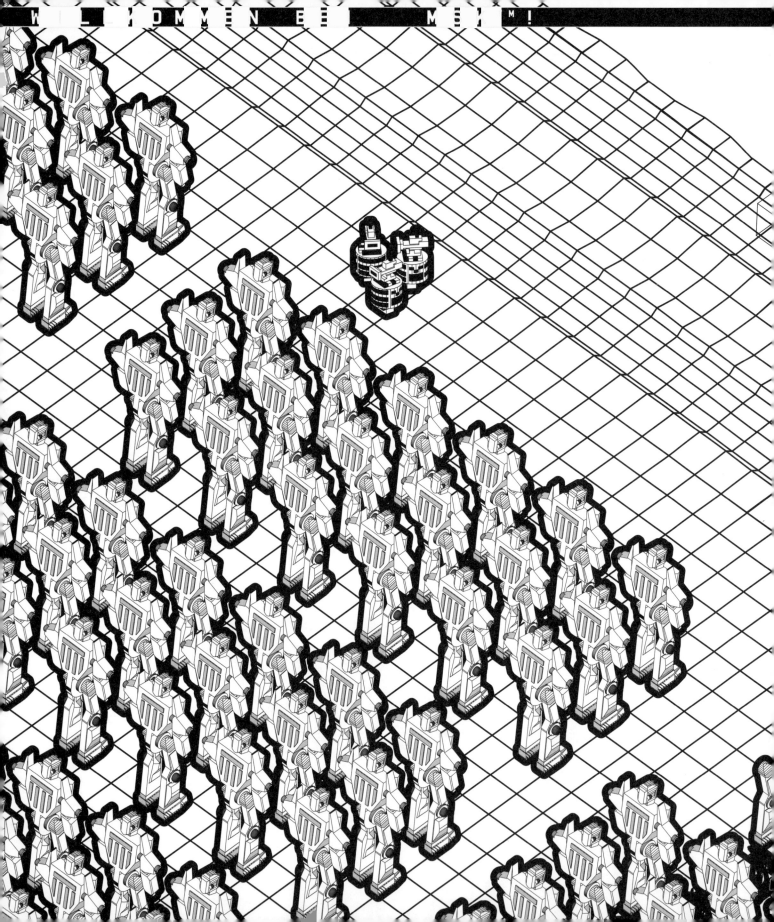

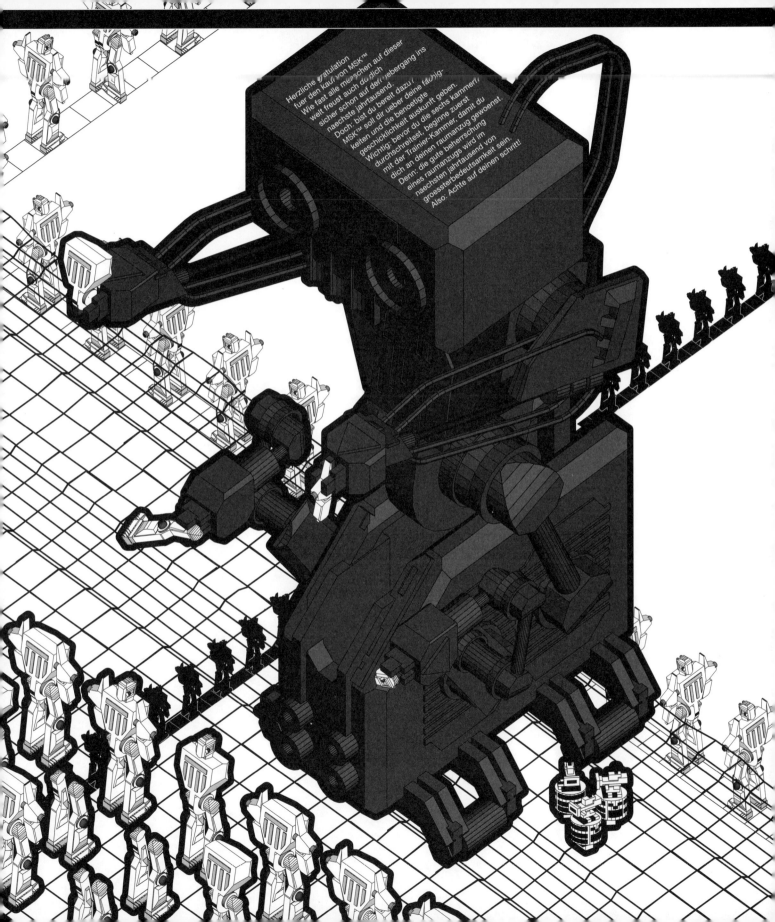

KICKS ZUR FREUDE
ich moechte dich einladen zu guter-balance- und kraft-uebungen die du versuchen kannst, damit das
dir helfen wird, deine beine sowie ganzheitliche bewegungs-faehigkeiten zu ueben. das einzige hilfsmittel
oder ausruestungsgegenstand, den du brauchen wirst, ist ein beton-BLOCK von vielleicht 6 bis 8 ellen.
für mehr kicksinformationen: 150 06 15 oder kicks@freude.ja

UEBUNG 02.
huepfe nur auf den BLOCK wie
in UE. O1: beuge die knie
einwenig und mach einen front snap
kick™; abwechslungsweise mit
beiden beinen. mach diese scheisse
mit nachdruck :).

UEBUNG 01.
das ist sehr einfach & grundlegend. das wird das huepfen & ganzheitliche
ausgeglichenheit der beine bewirken. wiederhole bis du nicht mehr
kannst. mit den fuessen zusammen, stehe hinter dem BLOCK und nur auf
den BLOCK ohne dir dabei den arsch aufzureissen :).

UEBUNG 03.
dieser kick wird schwerer auszufueren sein.
aber du solltest es trotzdem versuchen.
führe einen sidekick™ aus mit geschwindigkeit
und kraft. der nachdruck ist oberste kontrolle.

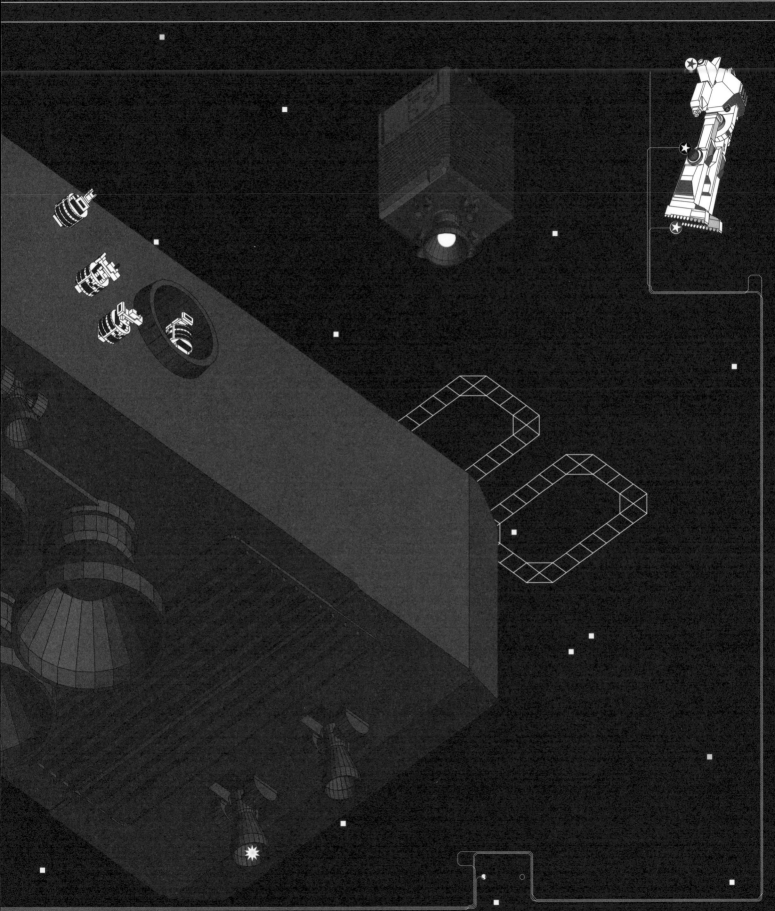

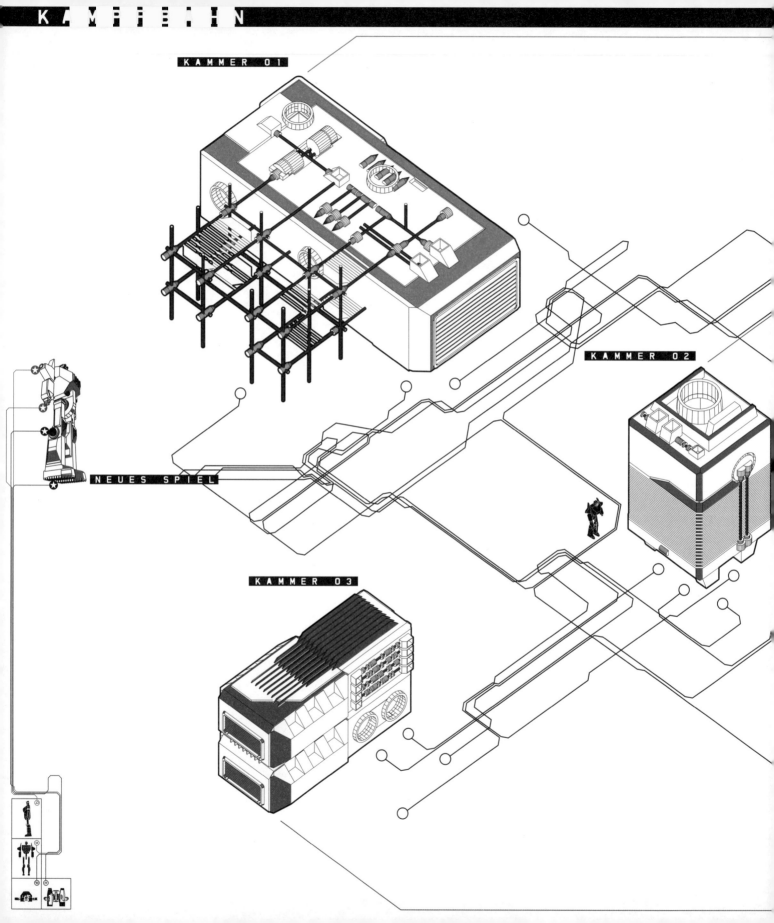

KAMMER 01

KAMMER 02

NEUES SPIEL

KAMMER 03

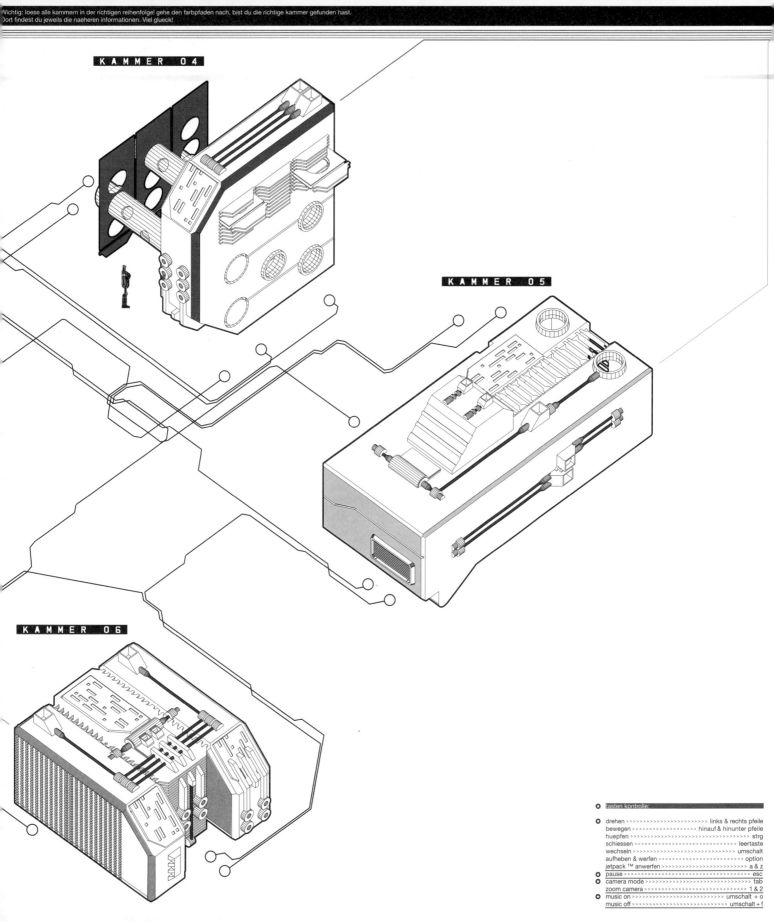

KAMMER 04

KAMMER 05

KAMMER 06

tasten kontrolle:

drehen >>>>>>>>>>>>>>>>>>>>>>>>> links & rechts pfeile
bewegen >>>>>>>>>>>>>>>>>>>>>> hinauf & hinunter pfeile
huepfen >>>>>>>>>>>>>>>>>>>>>>>>>>>>>>>>>> strg
schiessen >>>>>>>>>>>>>>>>>>>>>>>>>>>>> leertaste
wechseln >>>>>>>>>>>>>>>>>>>>>>>>>>>>> umschalt
aufheben & werfen >>>>>>>>>>>>>>>>>>>>>>> option
jetpack ™ anwerfen >>>>>>>>>>>>>>>>>>>>> a & z
pause >>>>>>>>>>>>>>>>>>>>>>>>>>>>>>>>>>>> esc
camera mode >>>>>>>>>>>>>>>>>>>>>>>>>>>> tab
zoom camera >>>>>>>>>>>>>>>>>>>>>>>>>>> 1 & 2
music on >>>>>>>>>>>>>>>>>>>>>>>> umschalt + o
music off >>>>>>>>>>>>>>>>>>>>>>>> umschalt + f

J:HRTA:SENICODE

die wortliste gibt dir den geheimcode, um diese kammer zu schaffen. Such im MSK™codegitter alle worte und drueck dann die buchstaben (mehrmals verwendete mehrmals druecken).

LISTE A-Z:

BABELTURM
BETT
BISTUM
BOESE
FEIGHEIT
GELD
GLAS FASER KABEL
IDEE SUCHER
KALK
KANONEN
KATASTROPHE
KOPF
LAST
LICHT ZEIT
LUKE
MAIS
MAKEL
NASA
OBEIN
OEL
ORION
POST
RAUB
REISENDE
REITER
ROSA
SCHLAMM
SIECH
SPACE
SPULE
SPUR
TAND
TEMPERATUR
UFO
VIRTUELL
WERT
ZUKUNFT

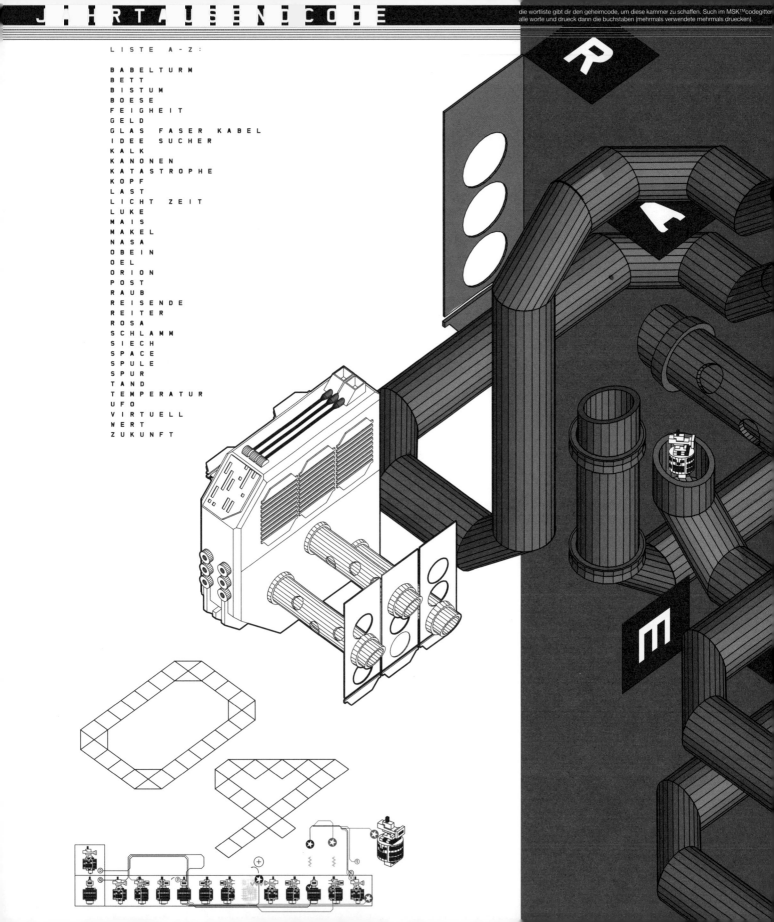

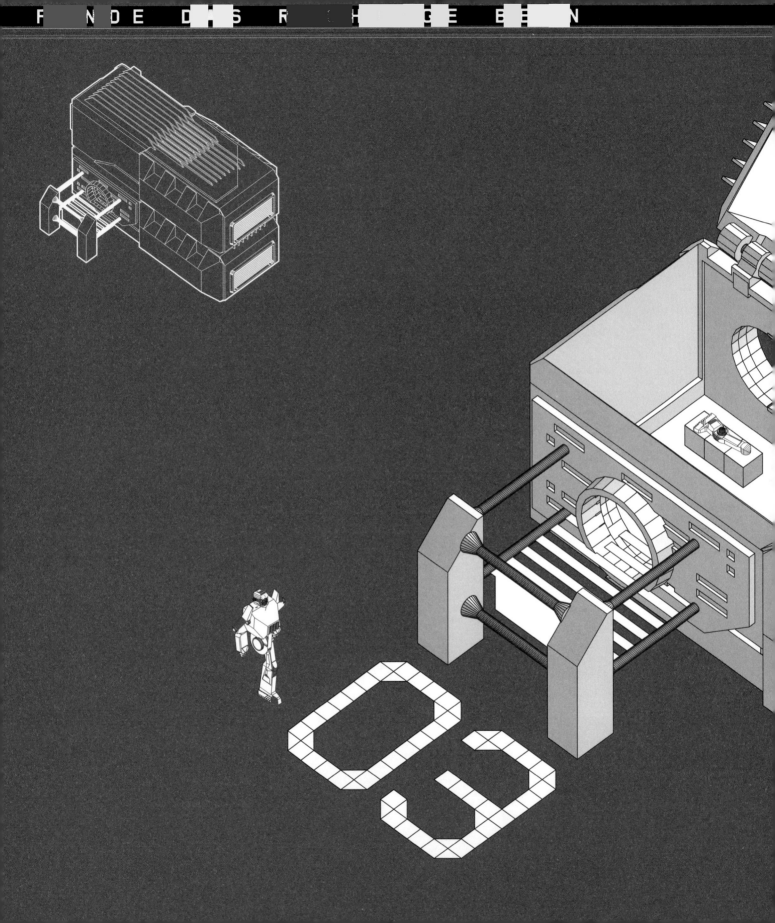

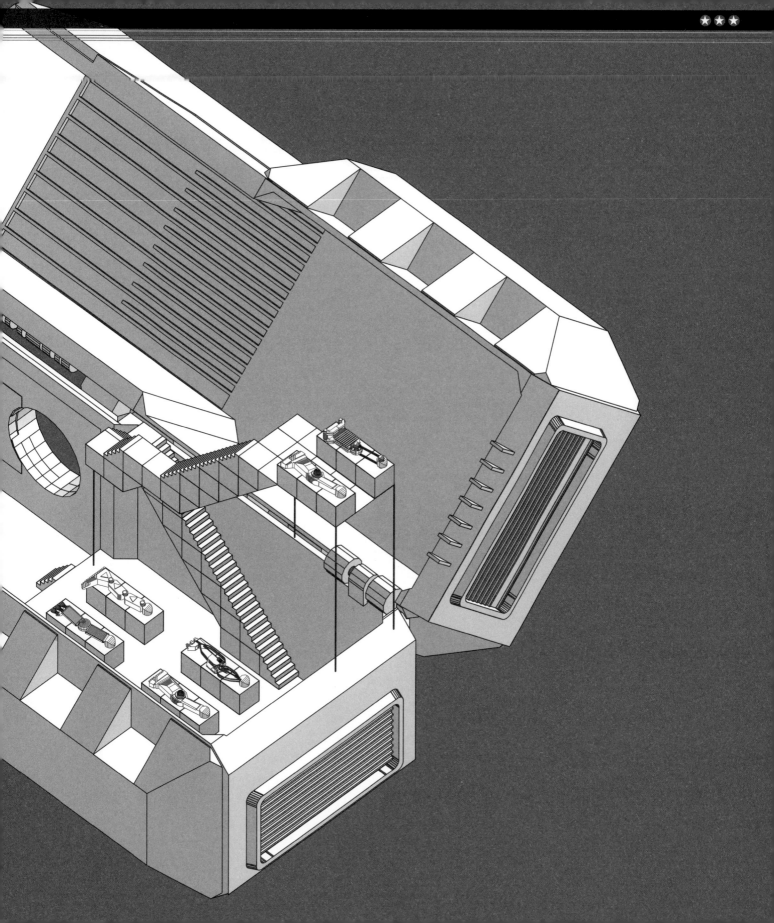

Was wir uns alle schon jetzt fragen: Werden wir um Null uhr .30,am .1 im Jan.
des Jahres 2ooo noch zurückdenken? Was werden wir behalten, was für ver-
gangene Momente, welche guten oder bösen Menschen und Tiere dieser .2 Mil-
lenia ? .26, vielleicht schon .27 Millenien zuvor gab es Population, .4-beiner, .3 hörnige
Fabelwesen usf: Könnt Ihr Verwandte aufzählen, nur zum Beispiel .6, die .5 od.
mehr Generationen tot sind? Na eben, unsere Erinnerung reicht nicht weit.
Mögt ihr euch noch an unsere Vorfahren erinnern, die, nackt, mehr kriechend als
aufrecht, immens viel Zeit verwendeten (. 28 – .29 Tage, was damals einem Monat
entsprach), Tiere zu erlegen, sie scherten sich nicht um Zeit,

es war egal ob es .24, .25 Stunden für einen Tag brauchte. Sie hatten die Angst vor
den Jahrtausenden nicht und keine grossen Zahlen. Das Durchschnittsalter war ca.
.22 / .23, die Primaten und Primatinnen starben jung und gesund. Die Greisinnen,
nur .21 jährig (und .20 die Greise), beschworen den jeweiligen Götterhimmel, ihnen
und den Ihren gnädig zu sein, sie zu beschützen vor Naturgewalt, den unzähligen
Bestien, und ihnen Kinder (.19, .18 oder .13, vielleicht .12 jährig die .7-fachenMütter!)
zu bescheren. Könnt ihr euch das noch vorstellen? Oder wollt ihr, wie einige der
grossen Geschichtsprofessoren, nur ins .14., oder aber auch nur .8 . Jahrhundert
zurück, um zu behaupten, einige Perioden (.15. Jhd., z.B.) hätten, .9 - mal klug
gesagt, nie existiert. Nur für .17, besser .16-jährige, .11 uhr p.m & .10 uhr in der
Pause sei Geschichte überhaupt ein Thema. Nur die Zukunft solle hoch leben!

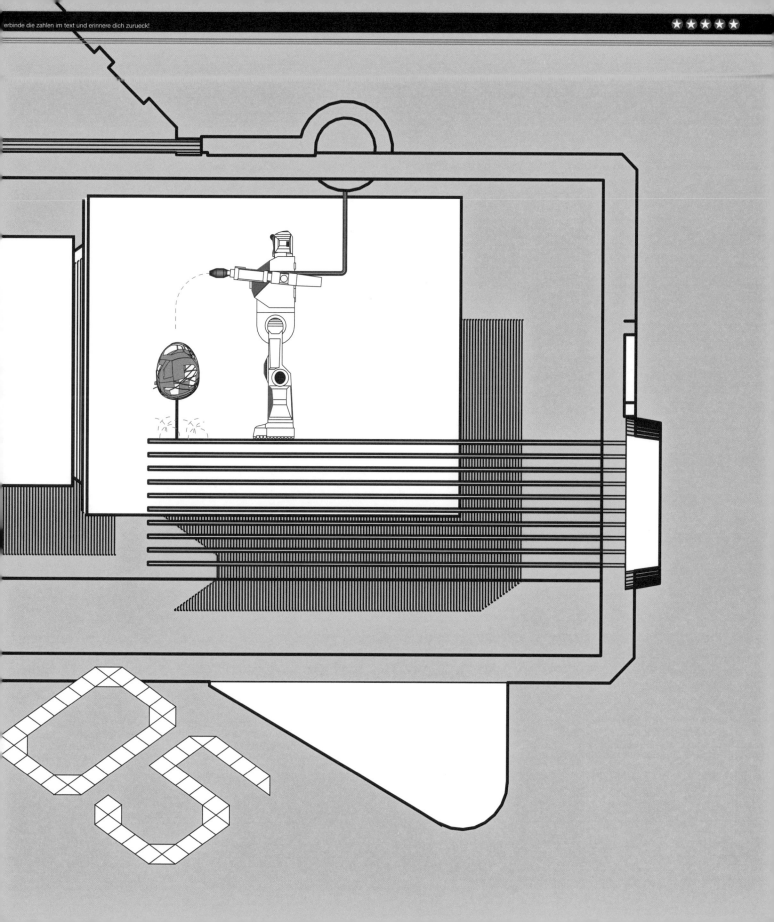

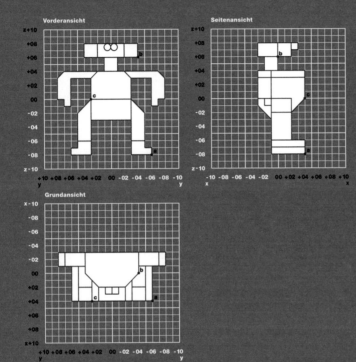

Vorderansicht

z+10 +08 +06 +04 +02 00 -02 -04 -06 -08 z-10

+10 +08 +06 +04 +02 00 -02 -04 -06 -08 -10
y   y

Seitenansicht

z+10 +08 +06 +04 +02 00 -02 -04 -06 -08 z-10

-10 -08 -06 -04 -02 00 +02 +04 +06 +08 +10
x   x

Grundansicht

x-10 -08 -06 -04 -02 00 +02 +04 +06 +08 x+10

+10 +08 +06 +04 +02 00 -02 -04 -06 -08 -10
y   y

Hier kannst du dir deinen 3D –heimbunker selber zeichnen.
Halte dich genau an die vorgegebenen ansichten & dir wird nichts passieren!

★ ★

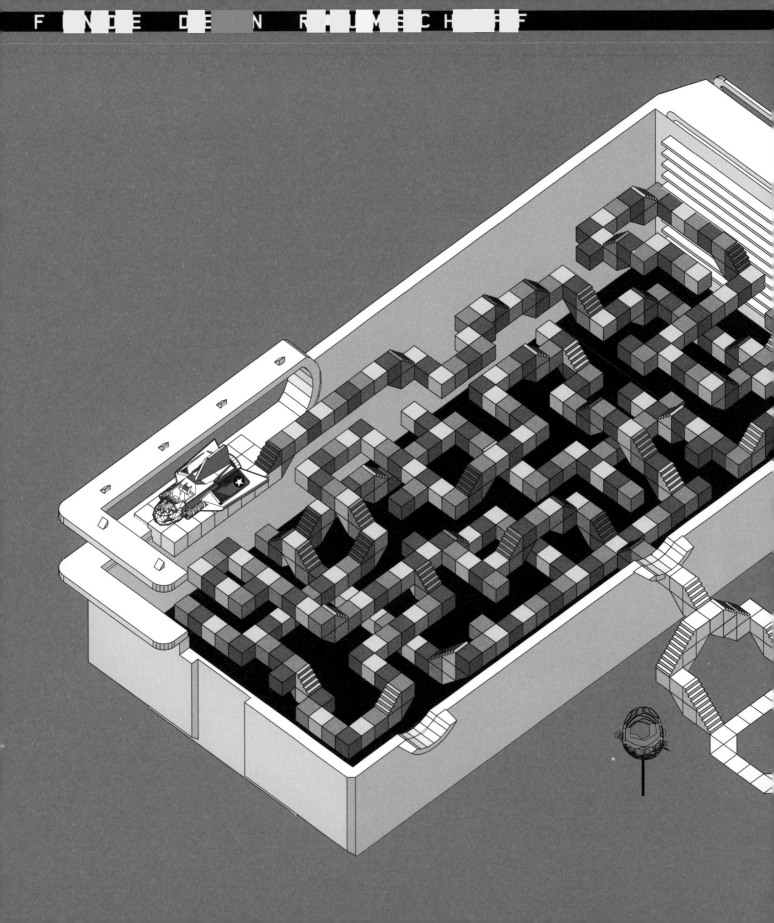

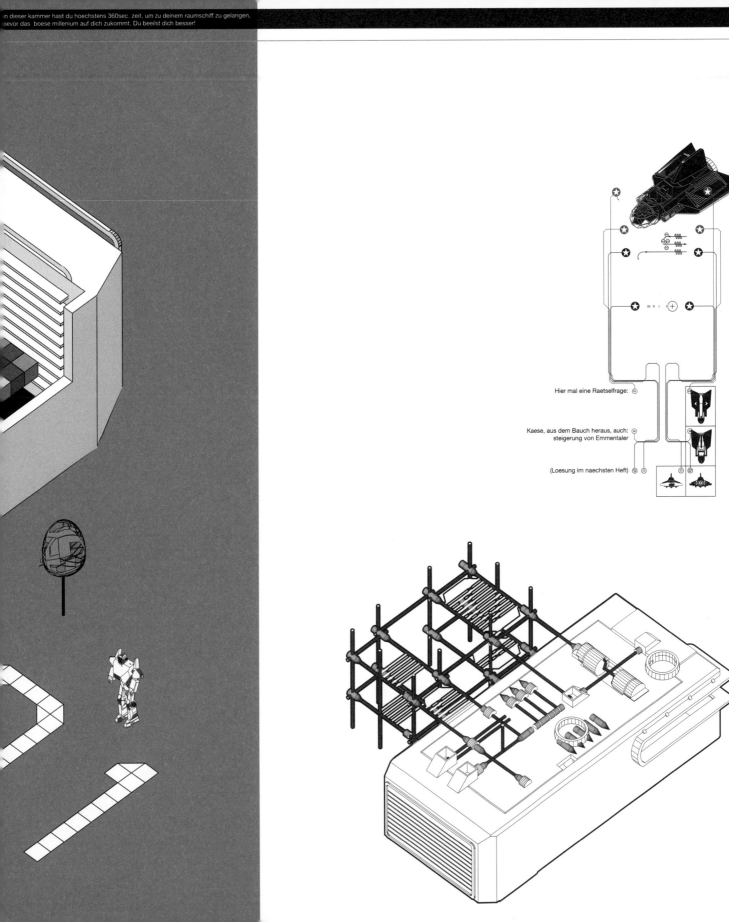

Hier mal eine Raetselfrage:

Kaese, aus dem Bauch heraus, auch: steigerung von Emmentaler

(Loesung im naechsten Heft)

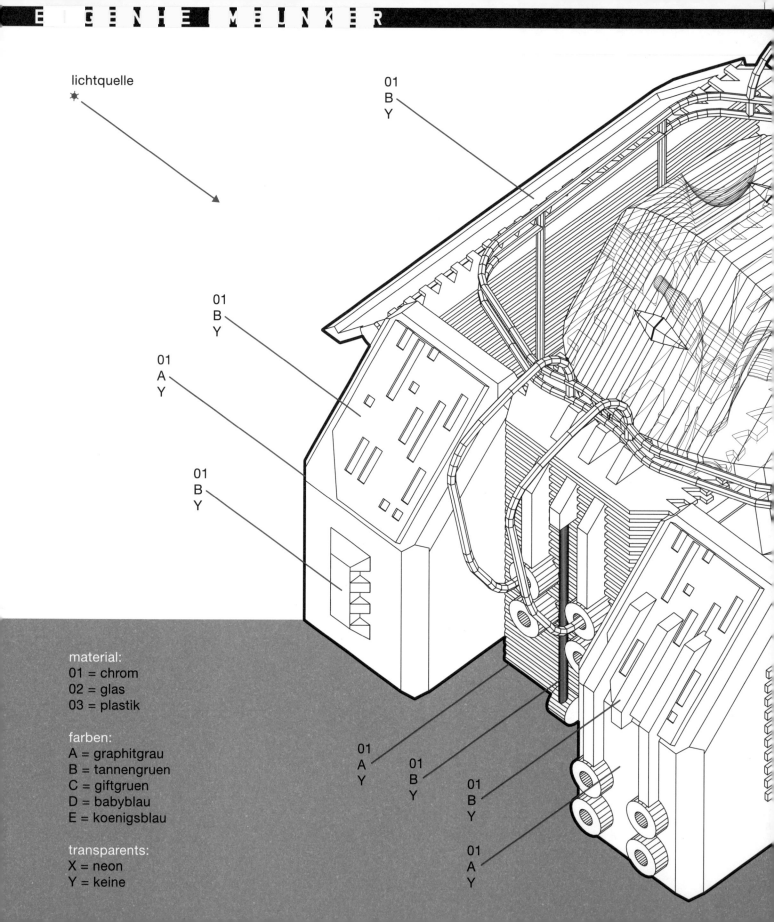

lichtquelle

01
B
Y

01
B
Y

01
A
Y

01
B
Y

material:
01 = chrom
02 = glas
03 = plastik

farben:
A = graphitgrau
B = tannengruen
C = giftgruen
D = babyblau
E = koenigsblau

transparents:
X = neon
Y = keine

01
A
Y

01
B
Y

01
B
Y

01
A
Y

Diese kammer gibt dir die moeglichkeit, dich ganz dem neuen jahrtausend gemaess auszudruecken. Nicht mehr selber erfinden wird in sein, sondern selber verzieren. MSK™ gibt dir schon heute die chance, diesem neuen zeitgeist rechnung zu tragen.

★ ★ ★ ★ ★ ★

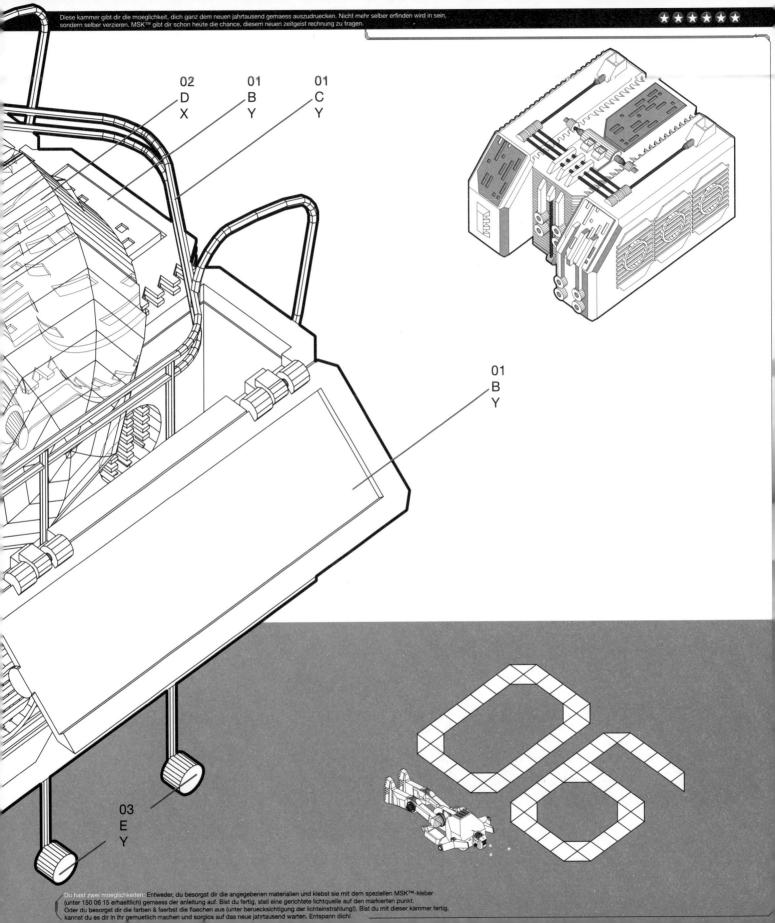

02
D
X

01
B
Y

01
C
Y

01
B
Y

03
E
Y

Du hast zwei moeglichkeiten: Entweder, du besorgst dir die angegebenen materialien und klebst sie mit dem speziellen MSK™-kleber
(unter 150 06 15 erhaeltlich) gemaess der anleitung auf. Bist du fertig, stell eine gerichtete lichtquelle auf den markierten punkt.
Oder du besorgst dir die farben & faerbst die flaechen aus (unter beruecksichtigung der lichteinstrahlung!). Bist du mit dieser kammer fertig,
kannst du es dir in ihr gemuetlich machen und sorglos auf das neue jahrtausend warten. Entspann dich!

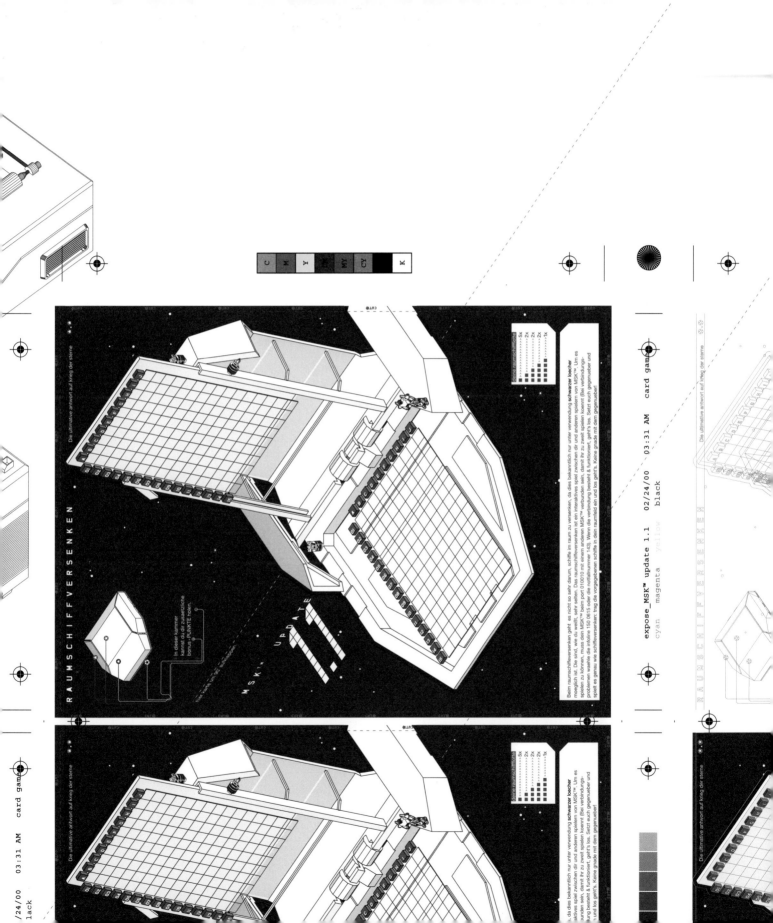

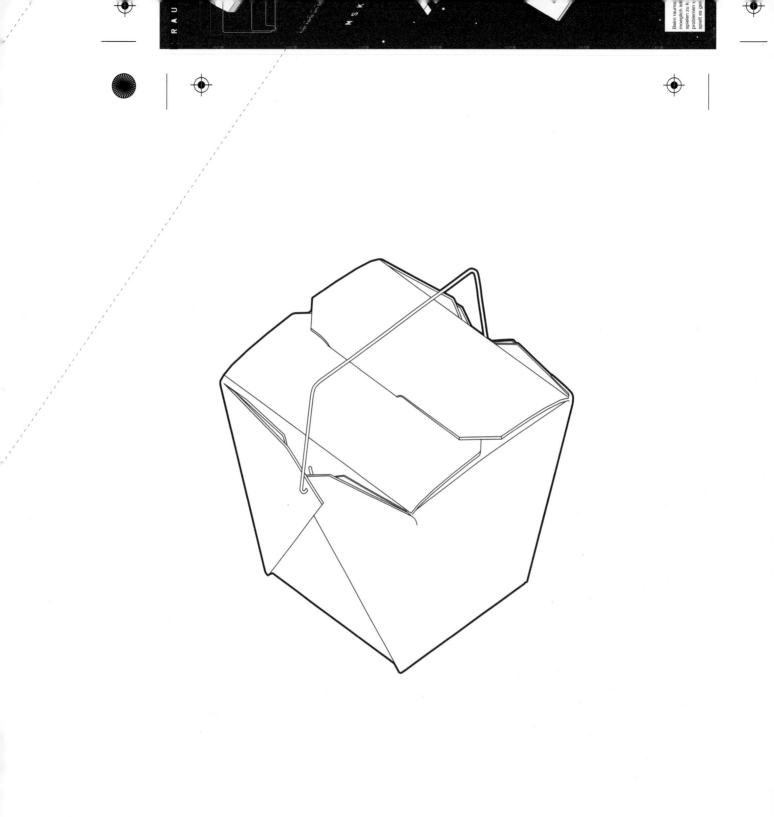

expose_unrealized projects

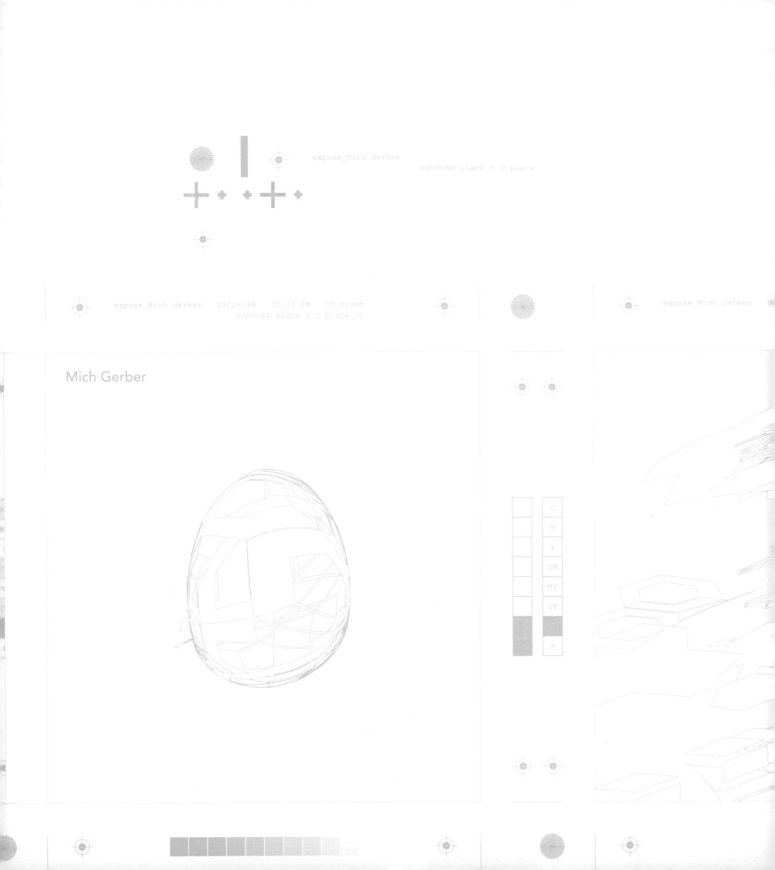

Mich Gerber

	C
	M
	Y
	CM
	MY
	CY
	K

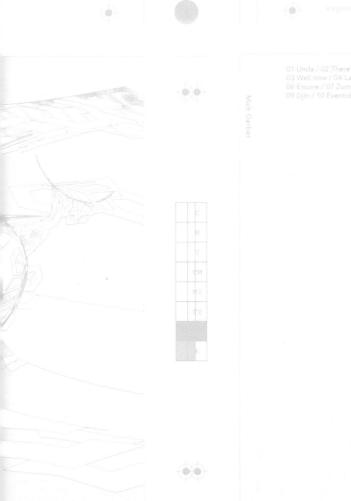

01 Unda / 02 There's more to life than this
03 Well now / 04 Lament / 05 Qishm
06 Encore / 07 Zumurud / 08 Arpeggio
09 Djin / 10 Eventide / 11 Bengeria

Written and produced by Mich Gerber,
Mich Gerber and Mich Gerber.
Published by Music / Music

Mich Gerber

01 Unda / 02 There's more to life than this / 03 Well now / 04 Lament / 05 Qishm / 06 Encore / 07 Zumurud / 08 Arpe

C
M
Y
CM
MY
CY
K

expose_Mich Gerber   03/26/99   01:37 PM
PANTONE black

terhour

every sunday morning from 05.00 till 12.00

club

brings you house & progressive music_food_chil

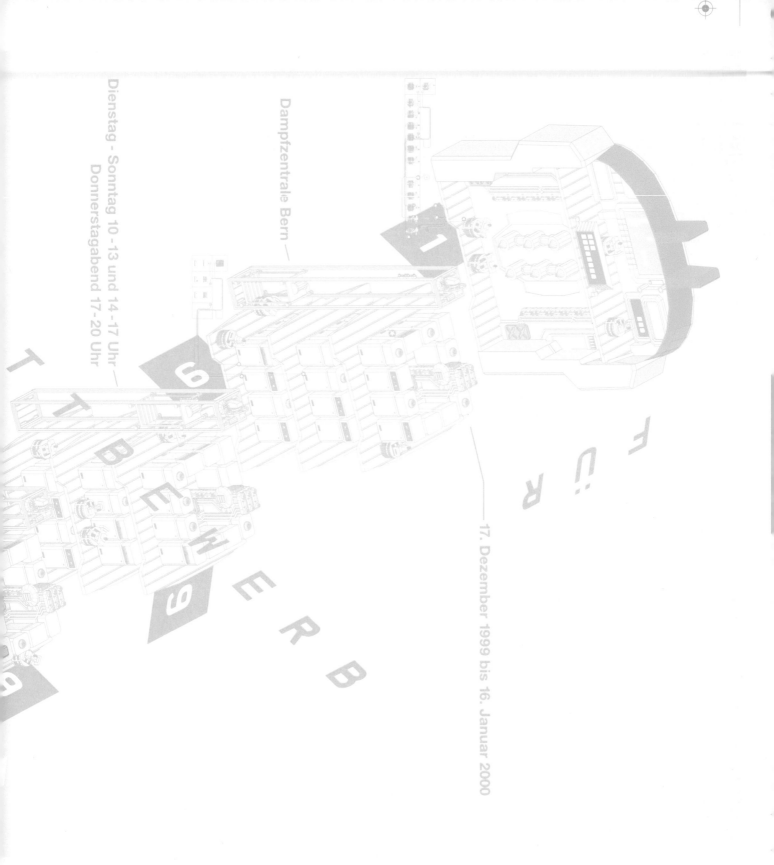

Dienstag - Sonntag 10 -13 und 14 -17 Uhr
Donnerstagabend 17 - 20 Uhr

Dampfzentrale Bern

17. Dezember 1999 bis 16. Januar 2000

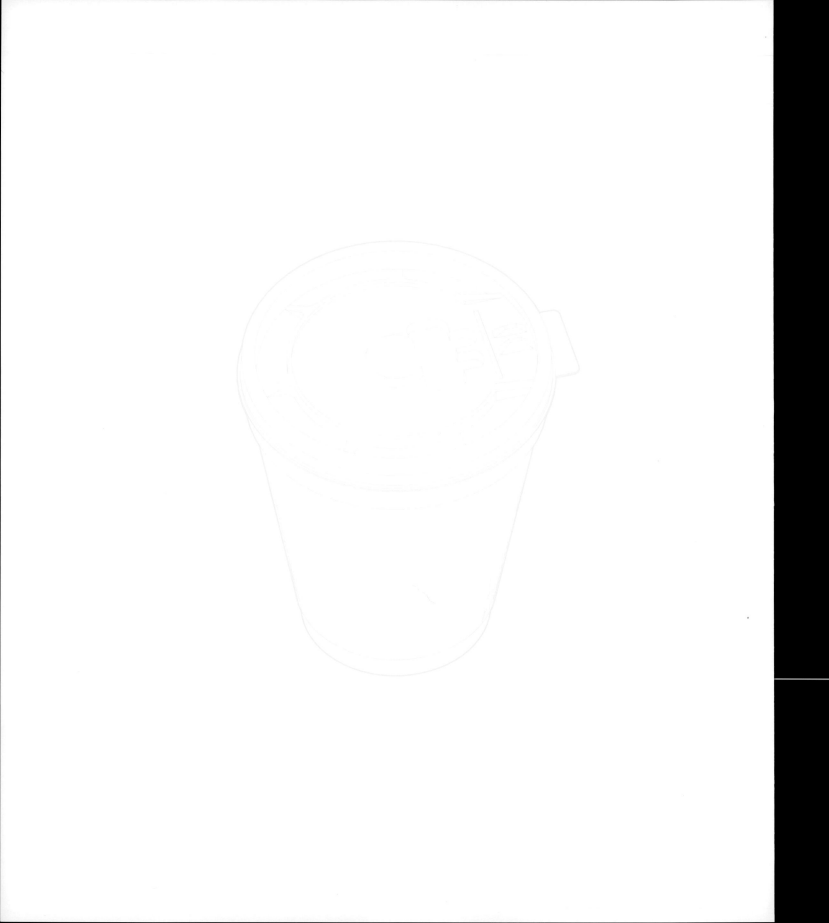

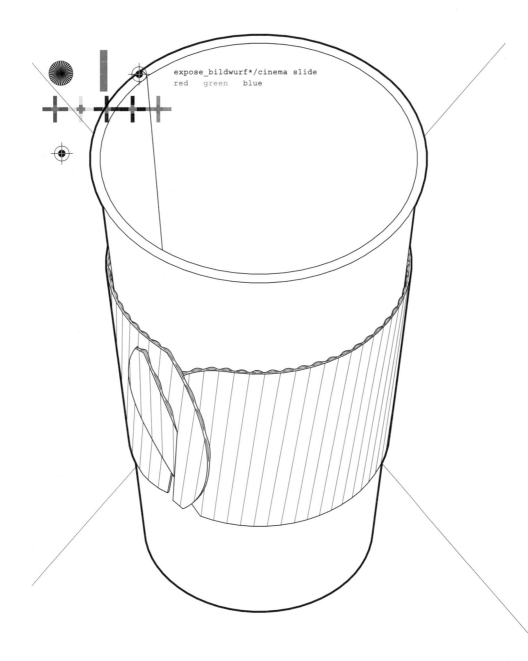

expose_bildwurf*/cinema slide
red   green   blue

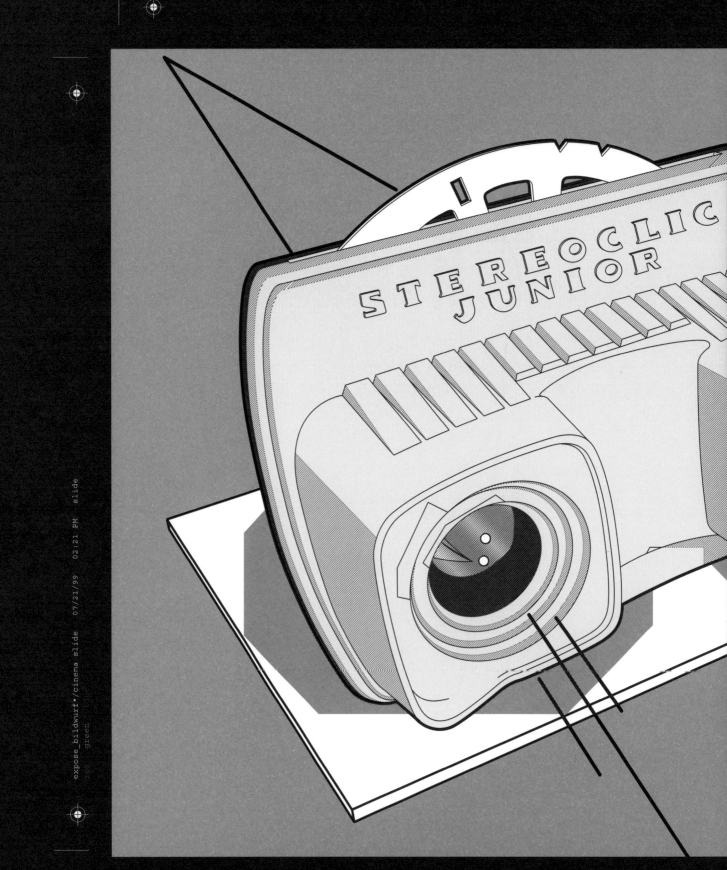

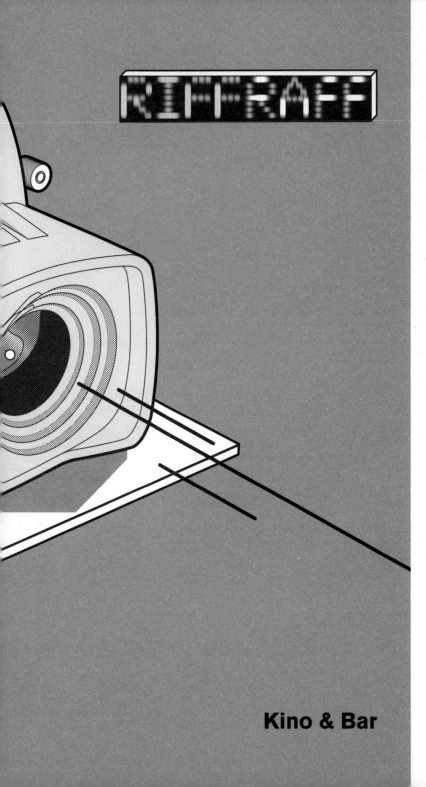

RIFFRAFF

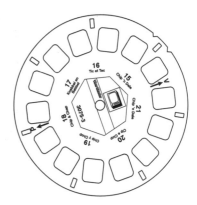

Kino & Bar

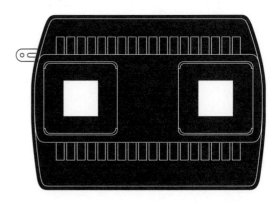

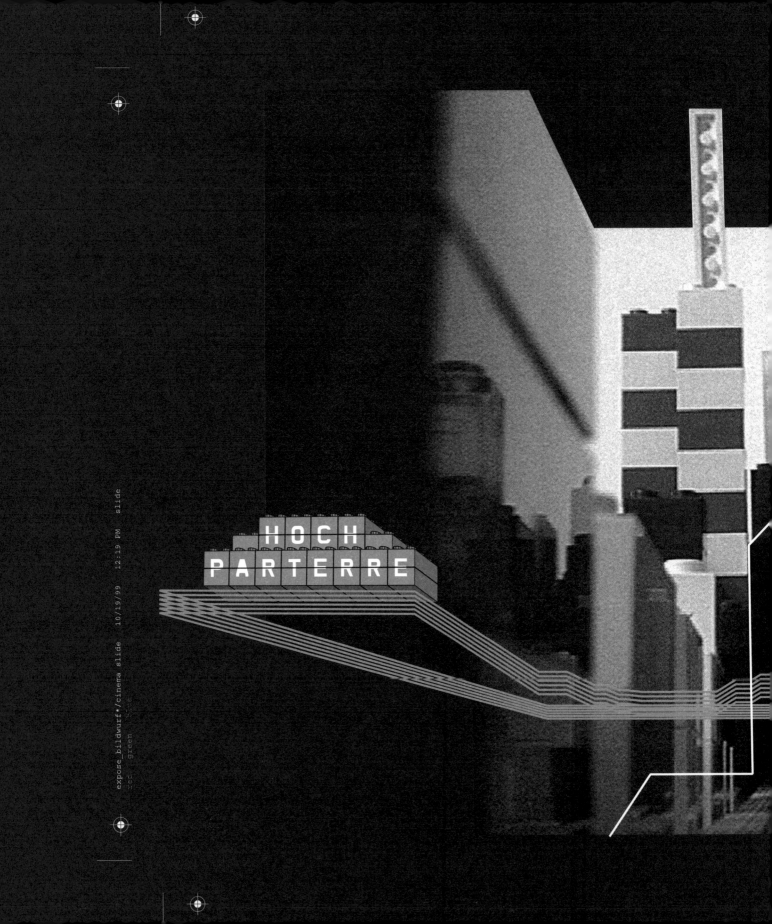

expose bildwurf*/cinema slide 10/19/99 12:19 PM slide
red green blue

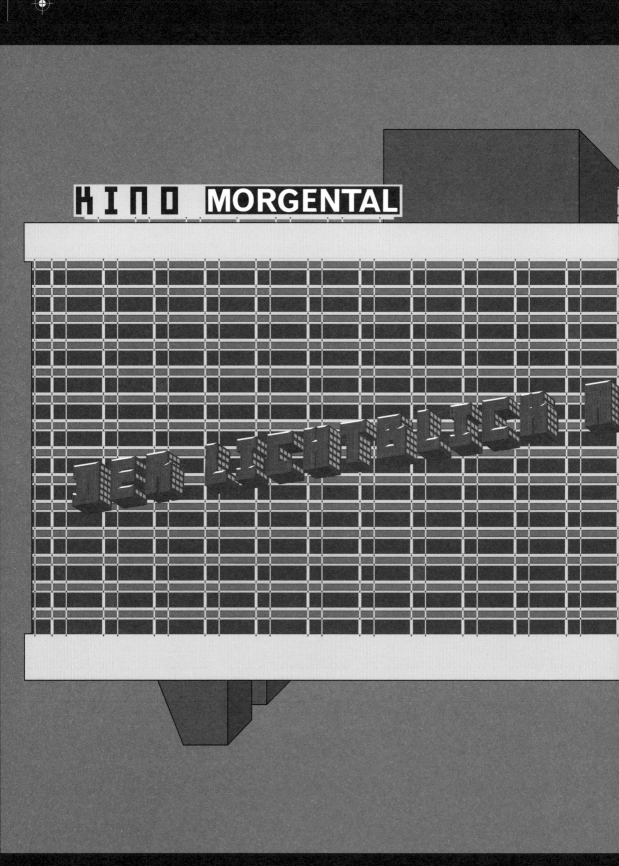

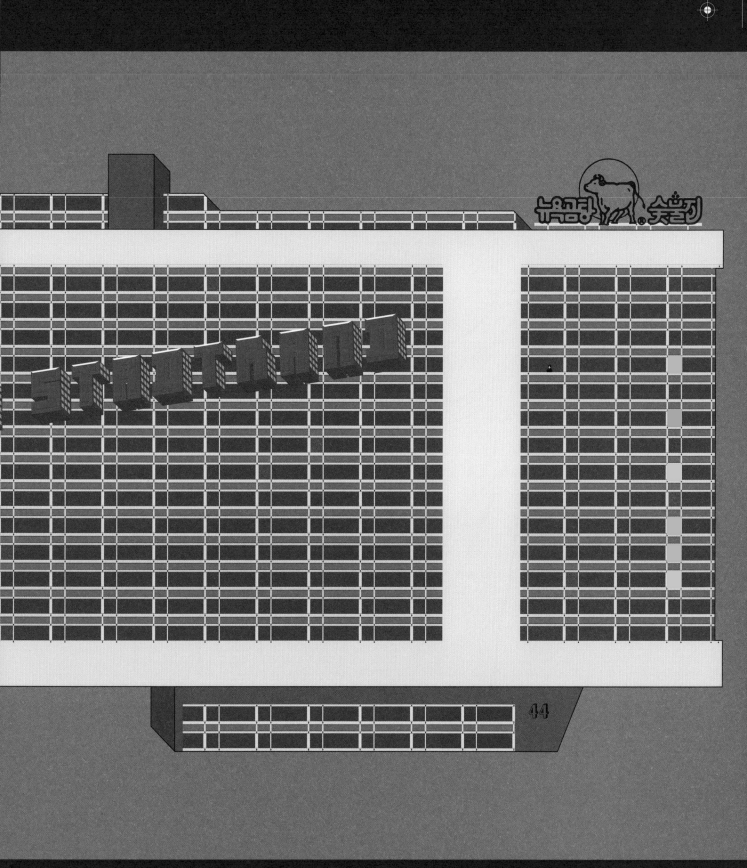

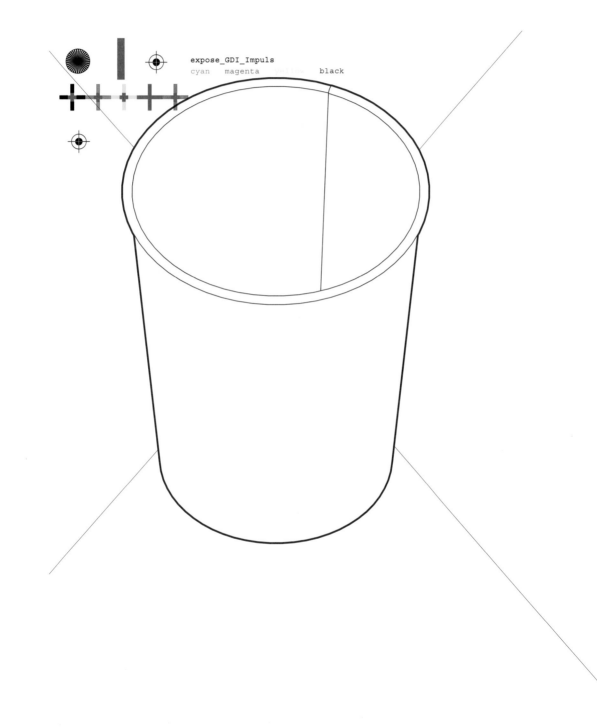

expose_GDI_Impuls
cyan   magenta   yellow   black

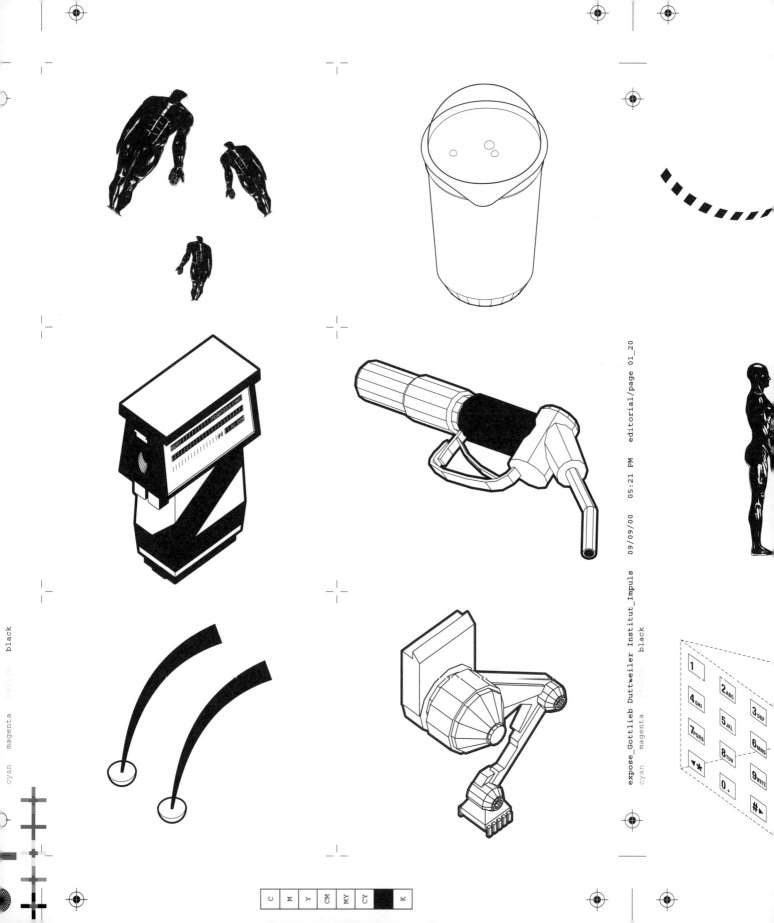

expose_Gottlieb Duttweiler Institut_Impuls   09/09/00   05:21 PM   editorial/page 01_20
cyan   magenta   yellow   black

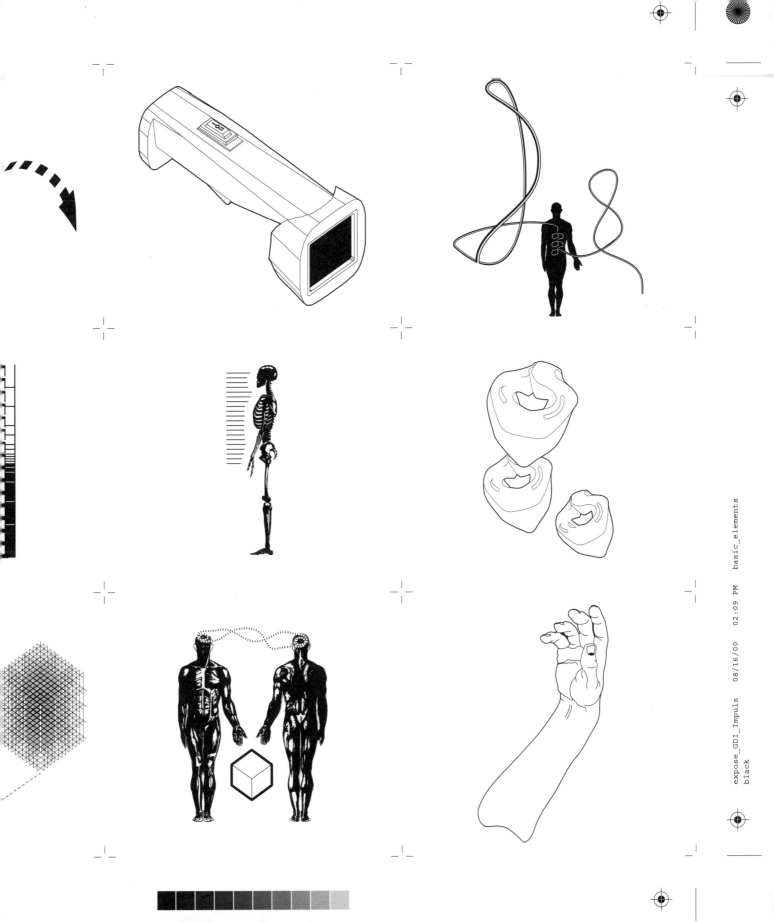

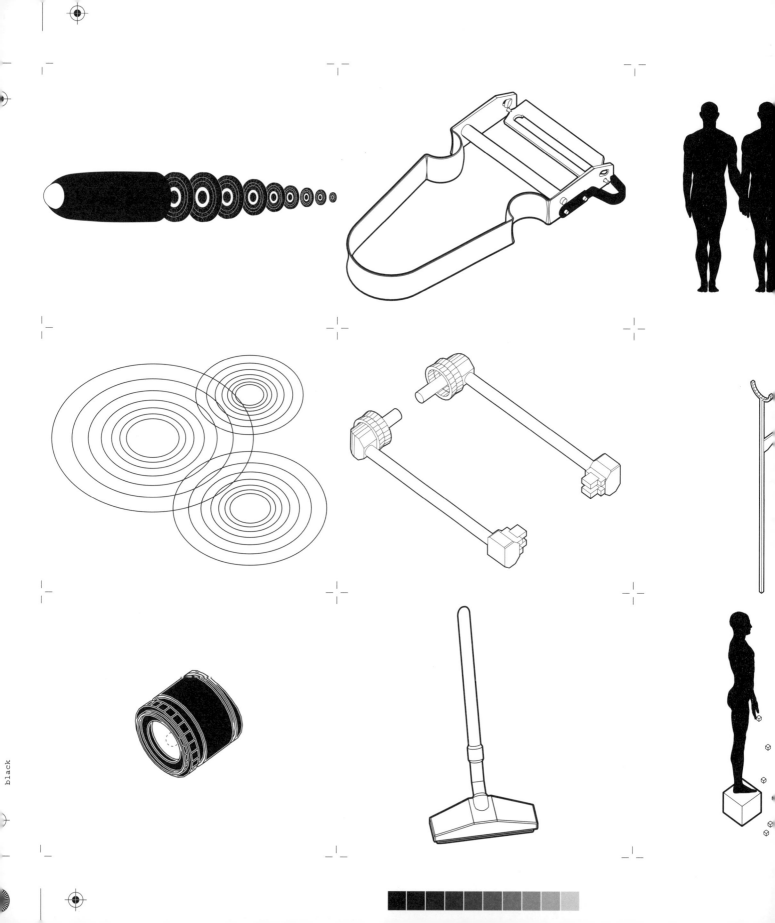

black

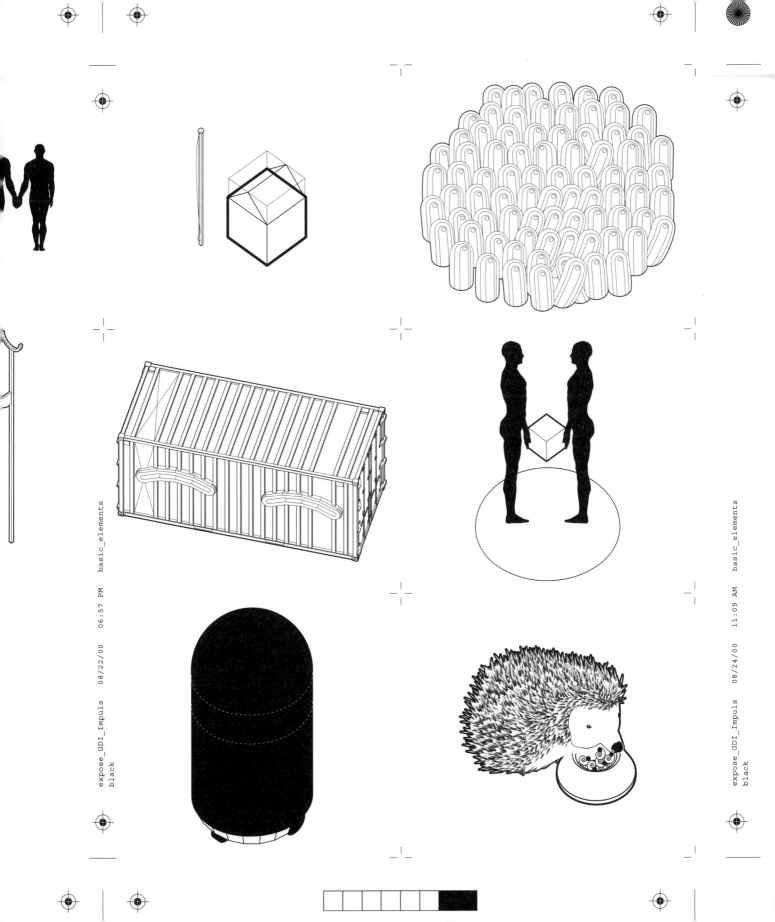

black

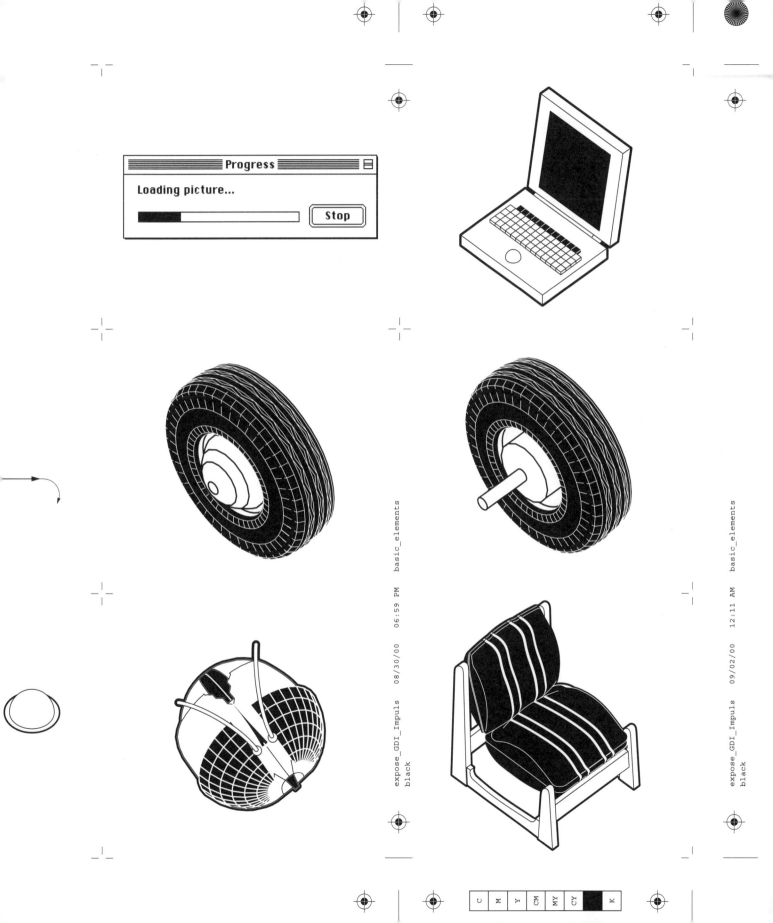

E-inkaufen

black

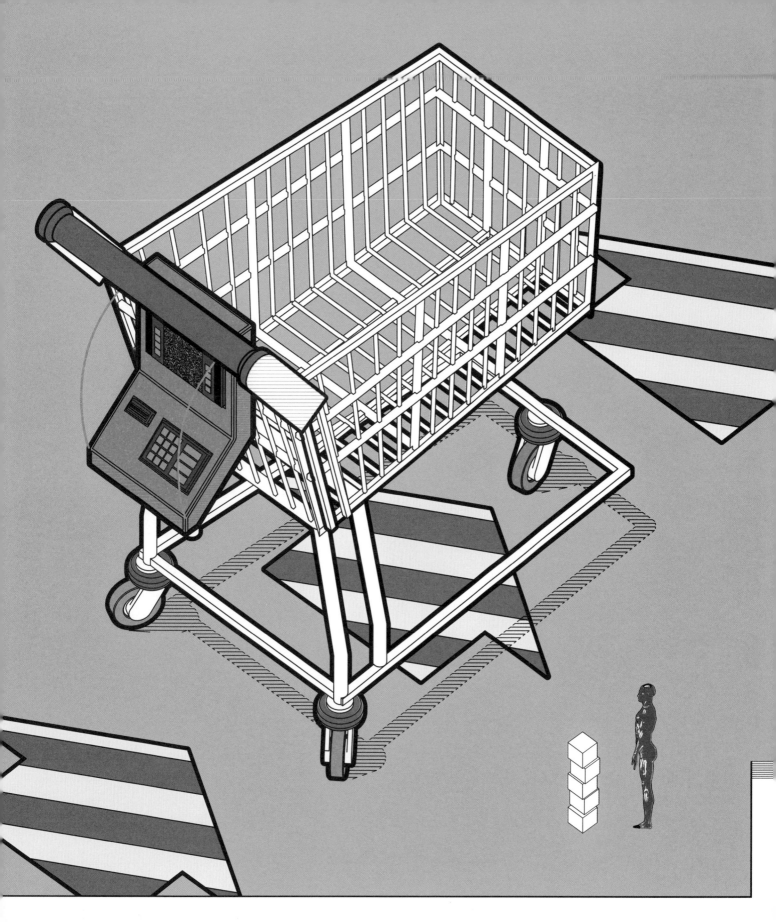

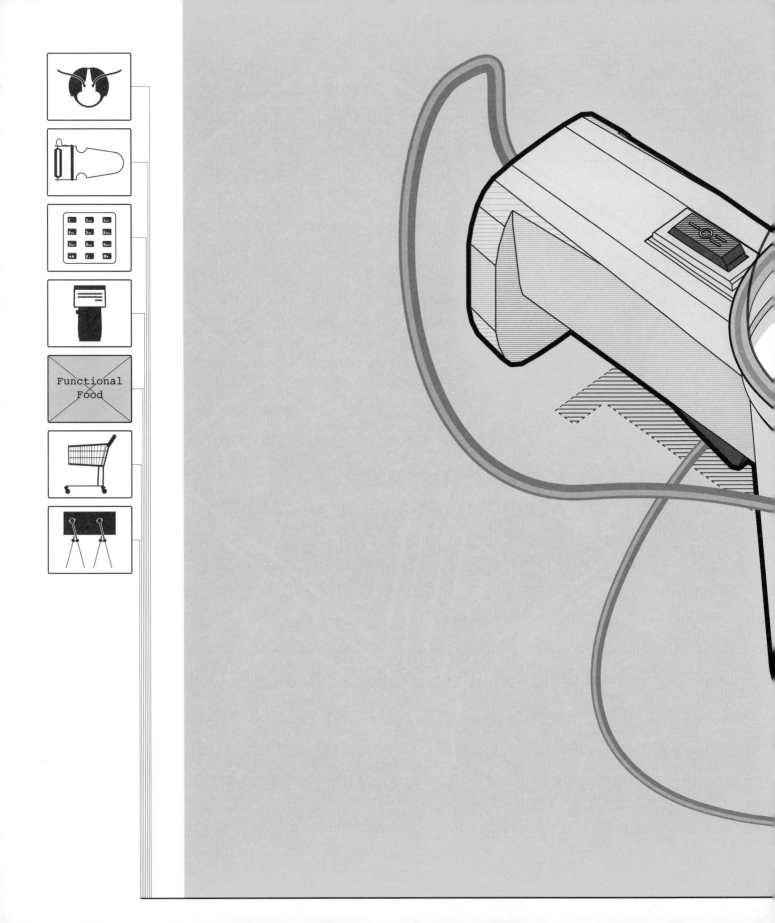

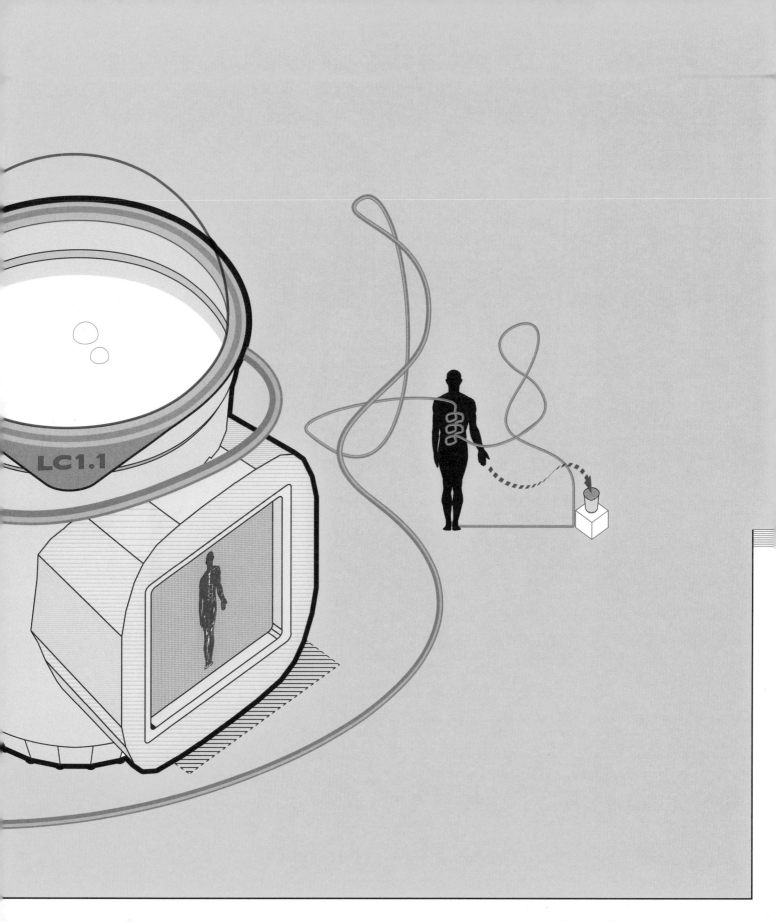

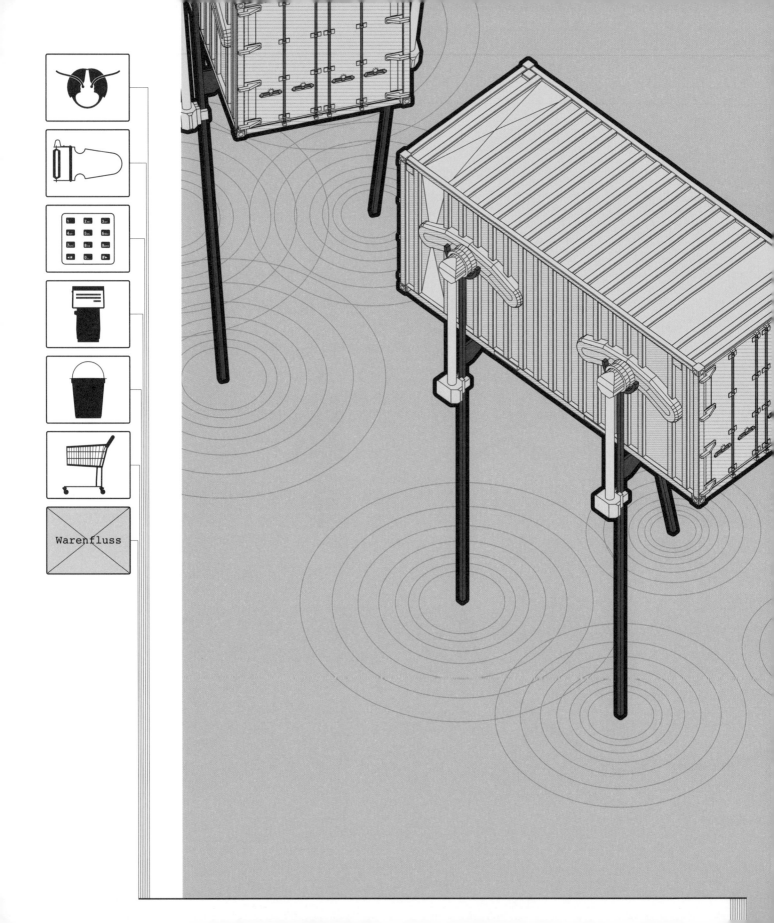

Warenfluss

copy_MrsEaves/roman 11 pt

basemark_DIN/medium 7 pt

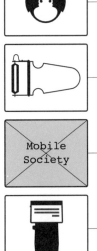

Mobile Society

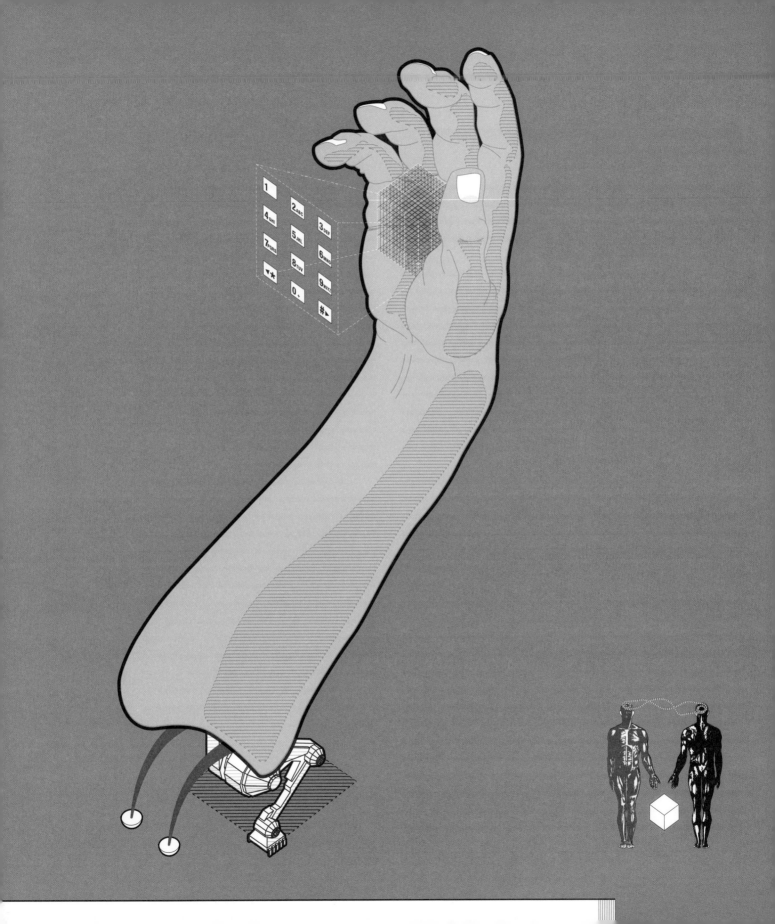

Kitchen
Enhancement

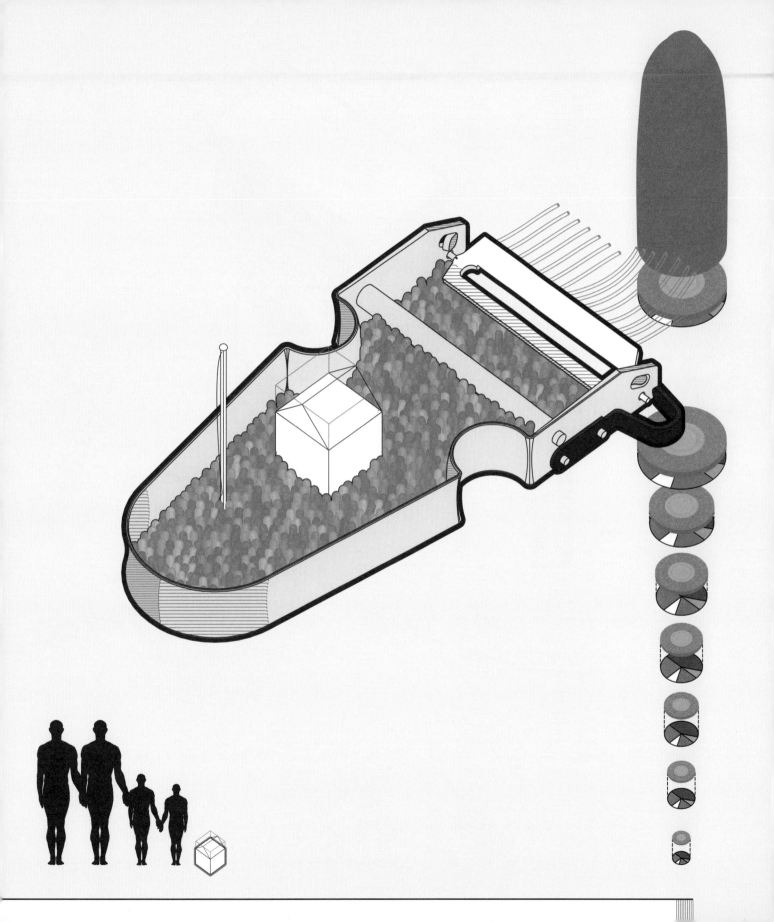

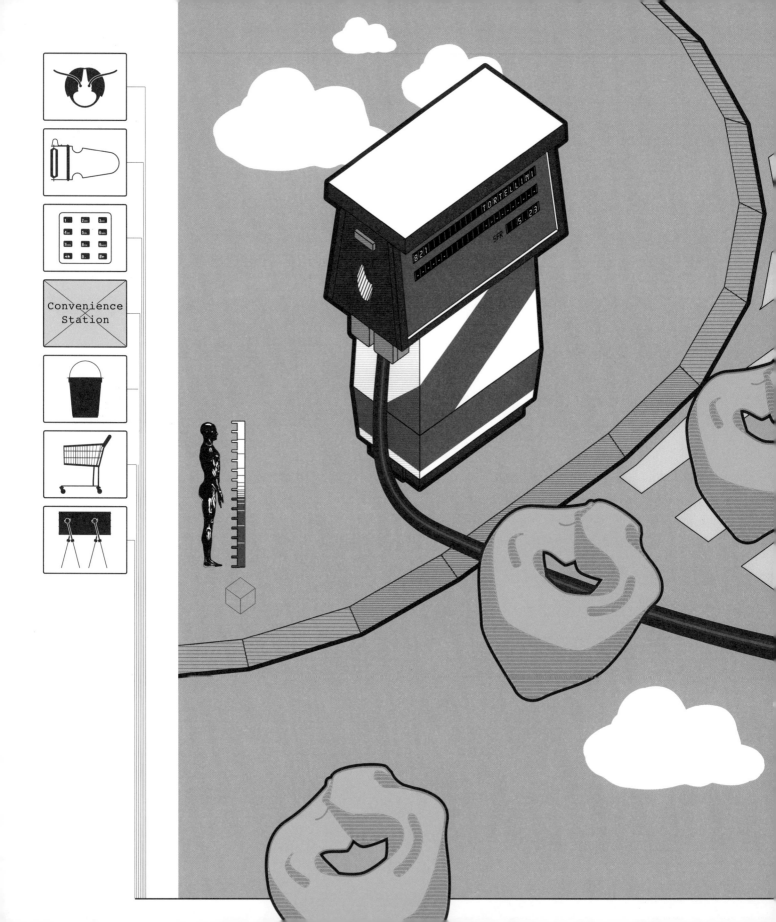

Convenience
Station

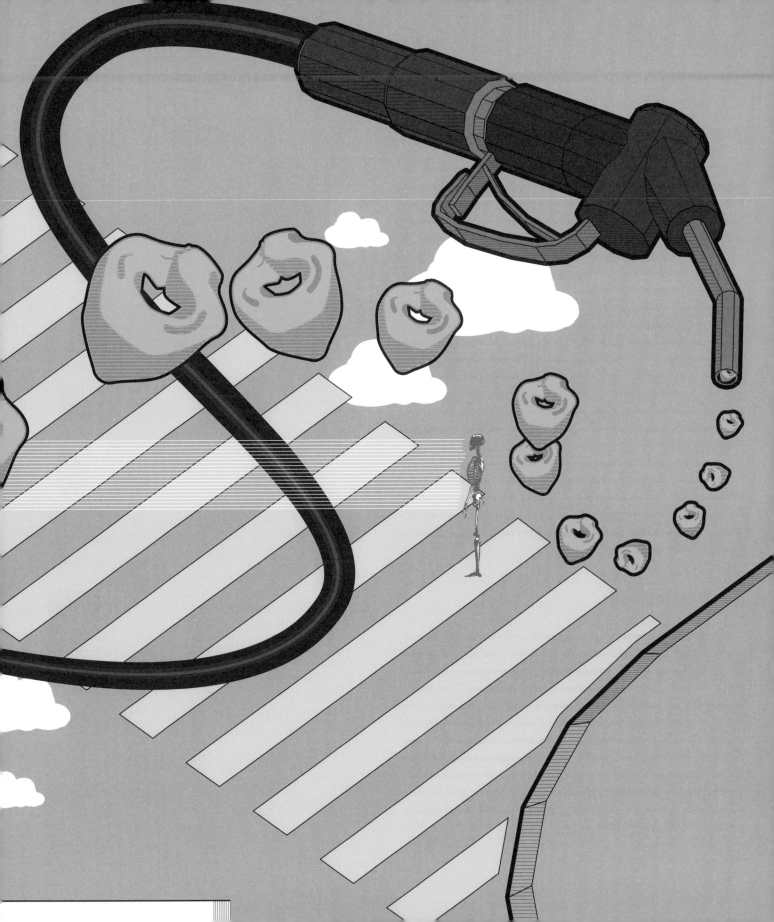

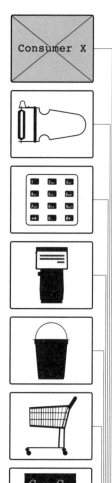

Consumer X

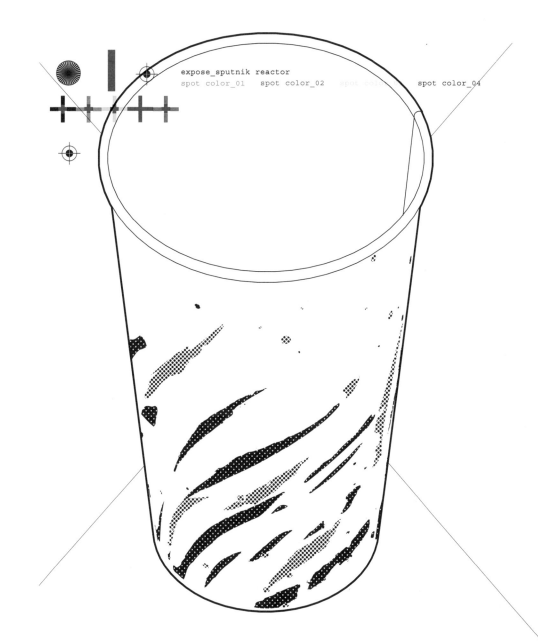

expose_sputnik reactor
spot color_01   spot color_02   spot color   spot color_04

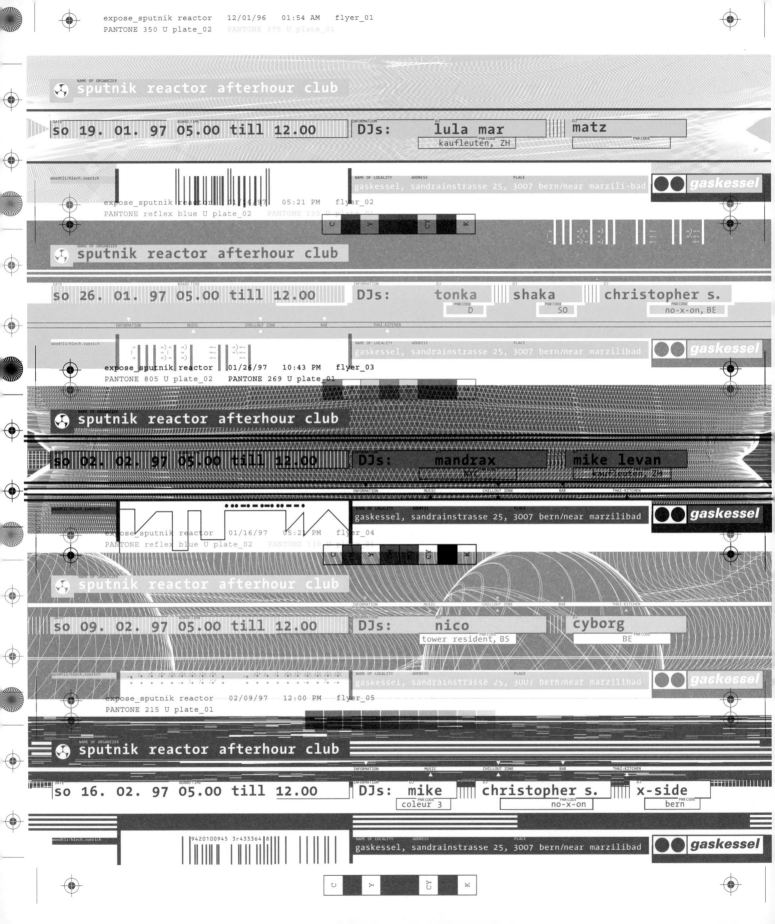

NAME OF ORGANIZER
sputnik reactor afterhour club

DATE **so 19. 01. 97** BOARD TIME **05.00 till 12.00** INFORMATION DJs: **lula mar**   DJ **matz**
kaufleuten, ZH   PNR CODE

woodtli/blech.zuerich

NAME OF LOCALITY ADDRESS PLACE
gaskessel, sandrainstrasse 25, 3007 bern/near marzili-bad   ●● **gaskessel**

NAME OF ORGANIZER
sputnik reactor afterhour club

DATE **so 26. 01. 97** BOARD TIME **05.00 till 12.00** INFORMATION DJs: **tonka   shaka   christopher s.**
PNR CODE D   PNR CODE SO   PNR CODE no-x-on, BE

INFORMATION   MUSIC   CHILLOUT ZONE   BAR   THAI-KITCHEN

woodtli/blech.zuerich

NAME OF LOCALITY ADDRESS PLACE
gaskessel, sandrainstrasse 25, 3007 bern/near marzilibad   ●● **gaskessel**

NAME OF ORGANIZER
sputnik reactor afterhour club

DATE **so 02. 02. 97** BOARD TIME **05.00 till 12.00** DJs: **mandrax**   **mike levan**
NYC   kaufleuten, ZH

INFORMATION   MUSIC   CHILLOUT ZONE   BAR   THAI-KITCHEN

woodtli/blech.zuerich

NAME OF LOCALITY ADDRESS PLACE
gaskessel, sandrainstrasse 25, 3007 bern/near marzilibad   ●● **gaskessel**

NAME OF ORGANIZER
sputnik reactor afterhour club

DATE **so 09. 02. 97** BOARD TIME **05.00 till 12.00** DJs: **nico**   **cyborg**
tower resident, BS   PNR CODE   BE   PNR CODE

woodtli/blech.zuerich

NAME OF LOCALITY ADDRESS PLACE
gaskessel, sandrainstrasse 25, 3007 bern/near marzilibad   ●● **gaskessel**

NAME OF ORGANIZER
sputnik reactor afterhour club

INFORMATION   MUSIC   CHILLOUT ZONE   BAR   THAI-KITCHEN

DATE **so 16. 02. 97** BOARD TIME **05.00 till 12.00** INFORMATION DJs: **mike   christopher s.   x-side**
PNR CODE coleur 3   PNR CODE no-x-on   bern

woodtli/blech.zuerich

9420100945 3r433364 8

NAME OF LOCALITY ADDRESS PLACE
gaskessel, sandrainstrasse 25, 3007 bern/near marzilibad   ●● **gaskessel**

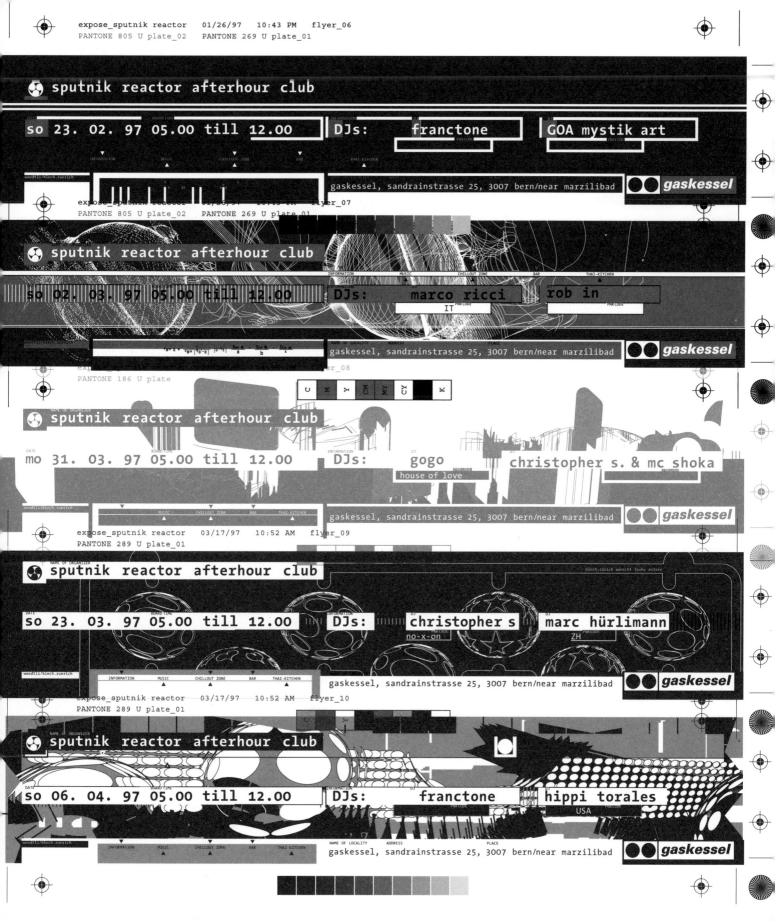

sputnik reactor afterhour club

so 23. 02. 97 05.00 till 12.00 | DJs: franctone | GOA mystik art

gaskessel, sandrainstrasse 25, 3007 bern/near marzilibad | gaskessel

woodtli/blech.zuerich

sputnik reactor afterhour club

so 02. 03. 97 05.00 till 12.00 | DJs: marco ricci | rob in
IT

gaskessel, sandrainstrasse 25, 3007 bern/near marzilibad | gaskessel

woodtli/blech.zuerich

sputnik reactor afterhour club

mo 31. 03. 97 05.00 till 12.00 | DJs: gogo | christopher s. & mc shoka
house of love

gaskessel, sandrainstrasse 25, 3007 bern/near marzilibad | gaskessel

woodtli/blech.zuerich

sputnik reactor afterhour club

blech.zuerich wünscht frohe ostern

so 23. 03. 97 05.00 till 12.00 | DJs: christopher s | marc hürlimann
no-x-on | ZH

gaskessel, sandrainstrasse 25, 3007 bern/near marzilibad | gaskessel

woodtli/blech.zuerich

sputnik reactor afterhour club

so 06. 04. 97 05.00 till 12.00 | DJs: franctone | hippi torales
USA

gaskessel, sandrainstrasse 25, 3007 bern/near marzilibad | gaskessel

woodtli/blech.zuerich

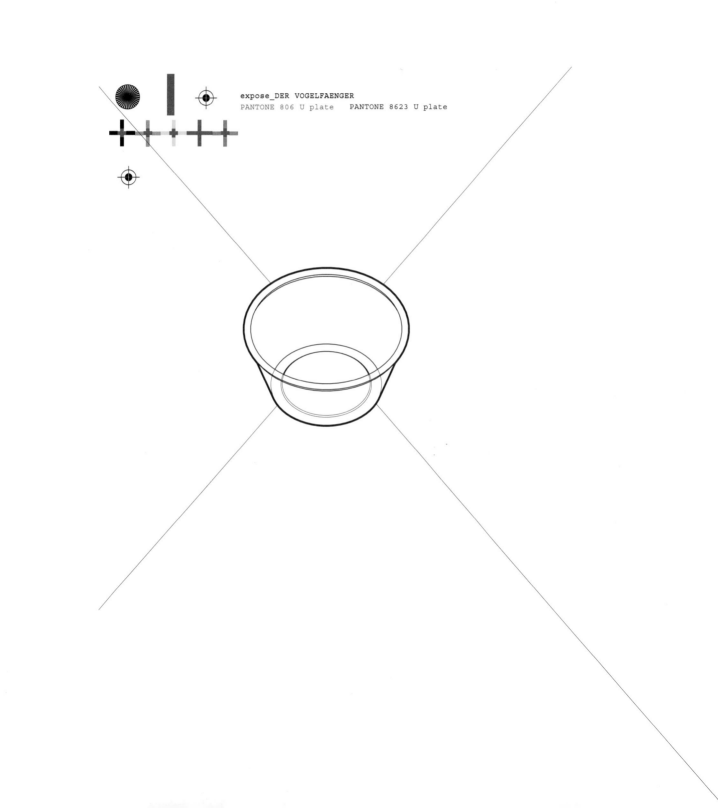

expose_DER VOGELFAENGER
PANTONE 806 U plate   PANTONE 8623 U plate

Ein Singlustspiel Serviert in drei Akten von Patrick Boltshauser

DER VOGE

Nach dem ersten Akt servieren wir Ihnen ein Essen • Der Vogelfänger • ein Singlustspiel über die Lust am Bösen, lus

Regie: Armin Kopp Mit: Charlotte Joss, Oleg Lips, Cory Looser, Ferdinand Pregartner, Rolf Strub

L F A E N G E R

...ührselig zugleich • Der Vogelfänger • ein Stück, das für Romantiker und Zyniker in gleichem Masse (un)geeignet ist.

der Vogelfänger

ein Singlustspiel

serviert in drei Akten
von Patrick Boltshauser

ORT
Alle Vorstellungen im
Restaurant Weisser Wind
Oberdorfstrasse 20 in Zürich

WANN 21. 1998
mittwoch, OKt.
20.15ʰ der Vogelfänger ein Singlustspiel

22. 1998
donnerstag, OKt.
20.15ʰ Lesung Jura und Bahnhof mit anschl. Diskussion

23. 1998
freitag, OKt.
20.15ʰ der Vogelfänger ein Singlustspi[el]

24. 1998
samstag, OKT.
17.00ʰ Lesung Jura und Bahnhof mit an[schl.]
20.15ʰ der Vogelfänger ein Singlustspi[el]

expose_DER VOGELFAENGER   09/22/98   06:55 PM   booklet/backside/cover
PANTONE 806 U plate_01   PANTONE 8623 U plate_02

VORVERKAUF
Buchhandlung Oprecht
Rämistrasse 5, Zürich, Tel. 01-261 16 28
Eintritt mit oder ohne Essen

ssion

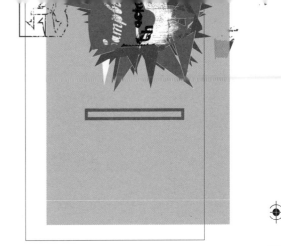

DER

ein Singlustspiel

serviert in drei Akten

von Patrick Boltshauser

VOGEL

FAENGER

der Vogelfänger

ein Singlustspiel

serviert in drei Akten
serviert in drei Akten
serviert in drei Akten

von Patrick Boltshauser

fredis.

Hühner

suppe

expose_DER VOGELFAENGER   09/22/98   06:55 PM   booklet/page 01_02
PANTONE 806 U plate_01   PANTONE 8623 U plate_02

DER VOGEL FAENGER

von Patrick Boltshauser

Nach dem ersten Akt
servieren wir Ihnen ein Essen.
Der Vogelfänger • ein Singlustspiel
über die Lust am Bösen,
lustvoll und rührselig zugleich.
Der Vogelfänger • ein Stück,
das für Romantiker und Zyniker
in gleichem Masse (un)geeignet ist.

Regie: Armin Kopp

Mit: Charlotte Joss, Oleg Lips, Cory Looser, Ferdinand Pregartner, Rolf Strub

Produktion, Regieassistenz: Cory Looser

Produktionsleitung: Sibylle Heiniger

Musikarrangements: Oleg Lips

Bühnenbild: Kathrin Waldvogel

Kostüme: Barbara Maier

Technik: Martin Wiggert

Design: Martin Woodtli

DER VOGEL FAENGER

WANN

mittwoch, OKt. **21.** 1998
20.15ʰ der Vogelfänger ein Singlustspiel

freitag, OKt. **23.** 1998
20.15ʰ der Vogelfänger ein Singlustspiel

samstag, OKT. **24.** 1998
17.00ʰ Lesung Jura und Bahnhof mit anschl. Diskussion
20.15ʰ der Vogelfänger ein Singlustspiel

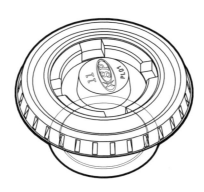

expose_warum Jodie Foster kein Wasser will
PANTONE black U plate

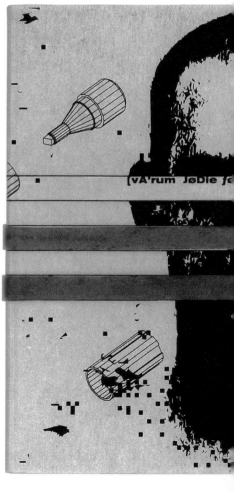

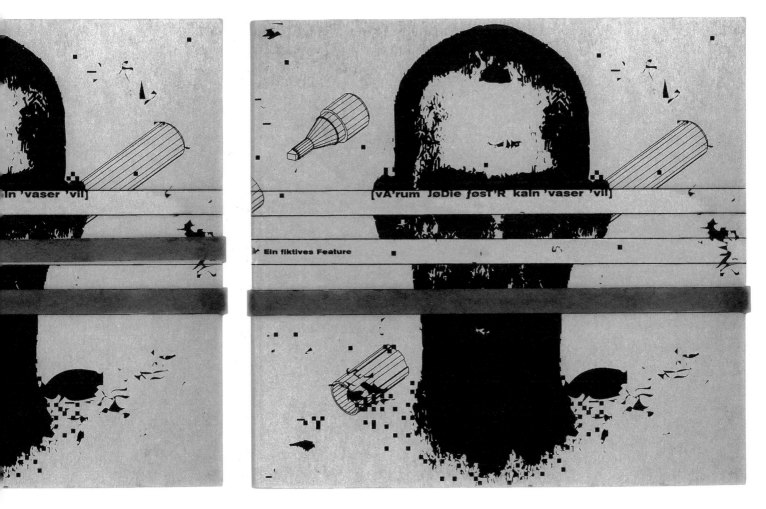

[vA'rum Jødie føst'R kaln 'vaser 'vil]

Ein fiktives Feature

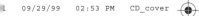

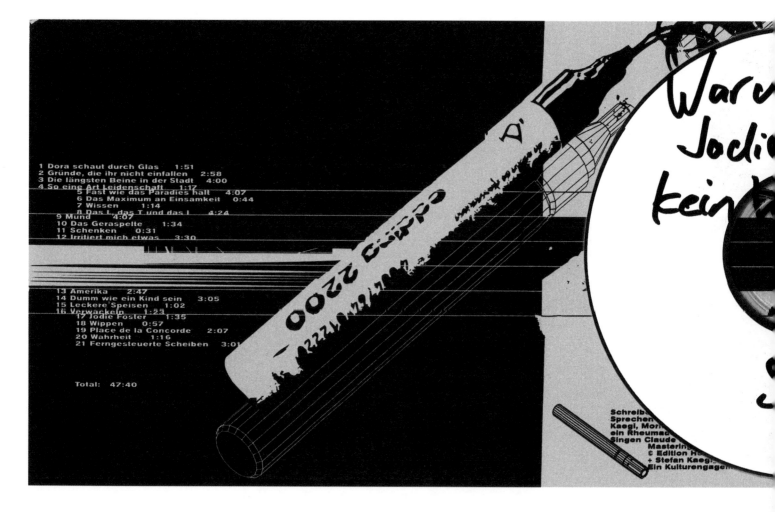

1 Dora schaut durch Glas   1:51
2 Gründe, die ihr nicht einfallen   2:58
3 Die längsten Beine in der Stadt   4:00
4 So eine Art Leidenschaft   1:17
5 Fast wie das Paradies halt   4:07
6 Das Maximum an Einsamkeit   0:44
7 Wissen   1:14
8 Das L, das T und das I   4:24
9 Mund   4:07
10 Das Geraspelte   1:34
11 Schenken   0:31
12 Irritiert mich etwas   3:30

13 Amerika   2:47
14 Dumm wie ein Kind sein   3:05
15 Leckere Speisen   1:02
16 Verwackeln   1:23
17 Jodie Foster   1:35
18 Wippen   0:57
19 Place de la Concorde   2:07
20 Wahrheit   1:16
21 Ferngesteuerte Scheiben   3:01

Total: 47:40

Schreiben
Sprechen
Kaegi, Mori
ein Rheumad
Singen Claude
Mastering
C Edition H
+ Stefan Kaegi
Ein Kulturengagen

Edition Howeg
ISBN 3 - 85736 - 197 - 2

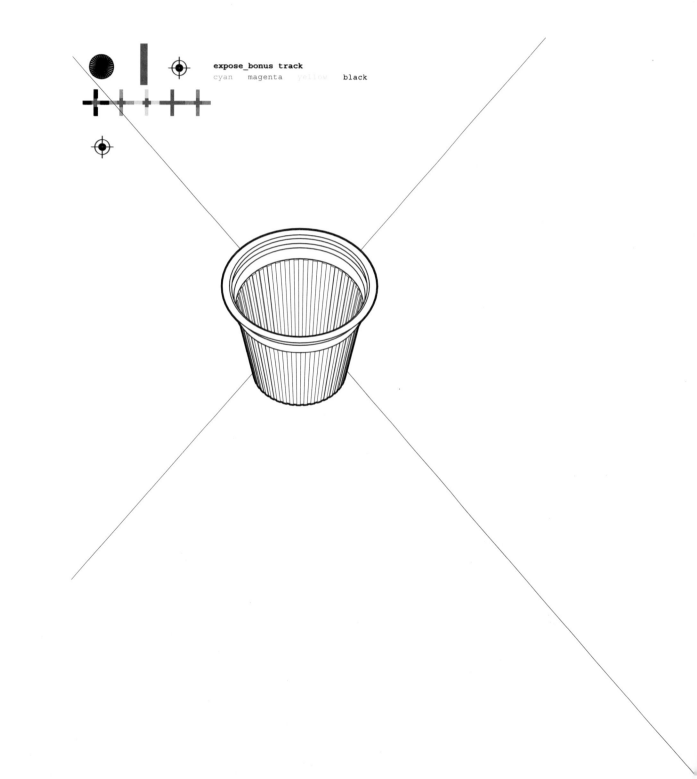

expose_bonus track

cyan   magenta   yellow   black

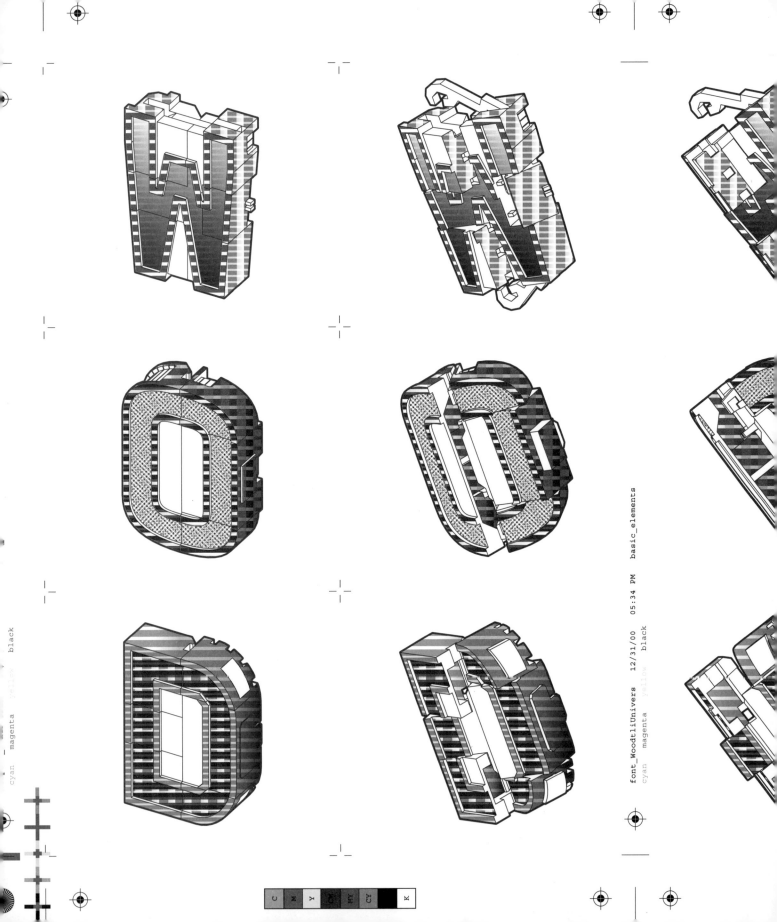

font_WoodtliUnivers   12/31/00   05:34 PM   basic_elements
cyan   magenta   yellow   black

C   M   Y   CY   MY   CY   K

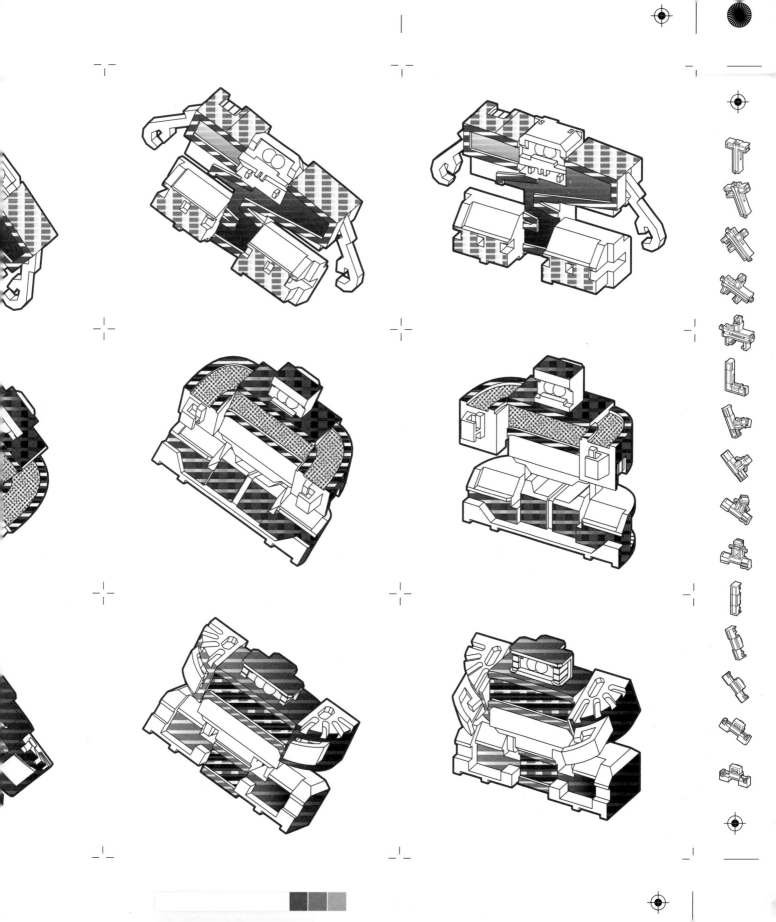

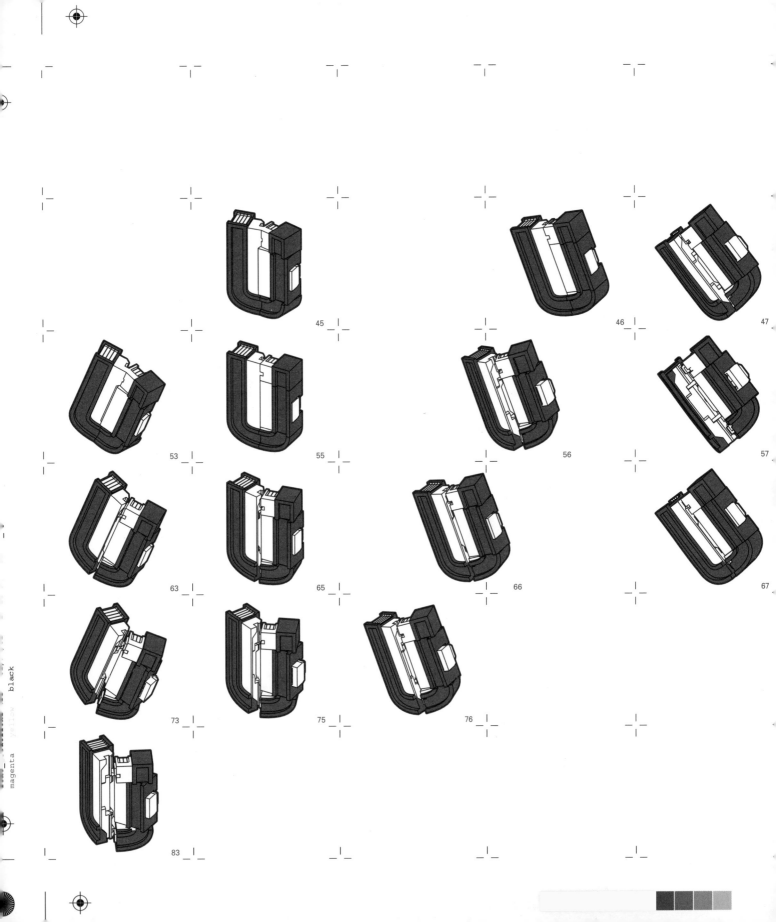

45

46

47

53

55

56

57

63

65

66

67

73

75

76

83

Das Schnittprogramm der <WoodtliUnivers>, gezeigt am Buch-
staben <u>. (Martin Woodtli, Atelier Martin Woodtli, Zürich.)
Mit der <WoodtliUnivers> hat der Typograph die Möglichkeit,
Kontrastwirkungen innerhalb *einer* Schrift zu erreichen. Das
Programm ermöglicht folgende Kontrastwirkungen: mager-fett,
Linie-Fläche, schmal-breit, hell-dunkel, gerade-kursiv, Statik-
Dynamik.

39

Contrasts

The design programme for WoodtliUnivers, illustrated with
reference to the letter «u» (Martin Woodtli, Atelier Martin
Woodtli, Zürich). WoodtliUnivers affords the typographer an
opportunity of achieving contrasts within a *single* family.
The programme provides the following possibilities of contrast:
light-bold, line-surface, narrow-wide, light-dark, upright-
italic, static-dynamic.

48   49   Contrastes

Le programme de gravure de l'<WoodtliUnivers>, montré à
la lettre <u> (Martin Woodtli, Atelier Martin Woodtli, Zürich).
A l'aide de caractères parfaitement harmonisés l'<Woodtli
Univers> perment à la typographie d'obtenir, dans une *même*
famille, les effets de contrastes suivants: maigre-gras, ligne-sur-
face, étroit-large, clair-foncé, droit-italique, statique-dynamique.

58   59

68

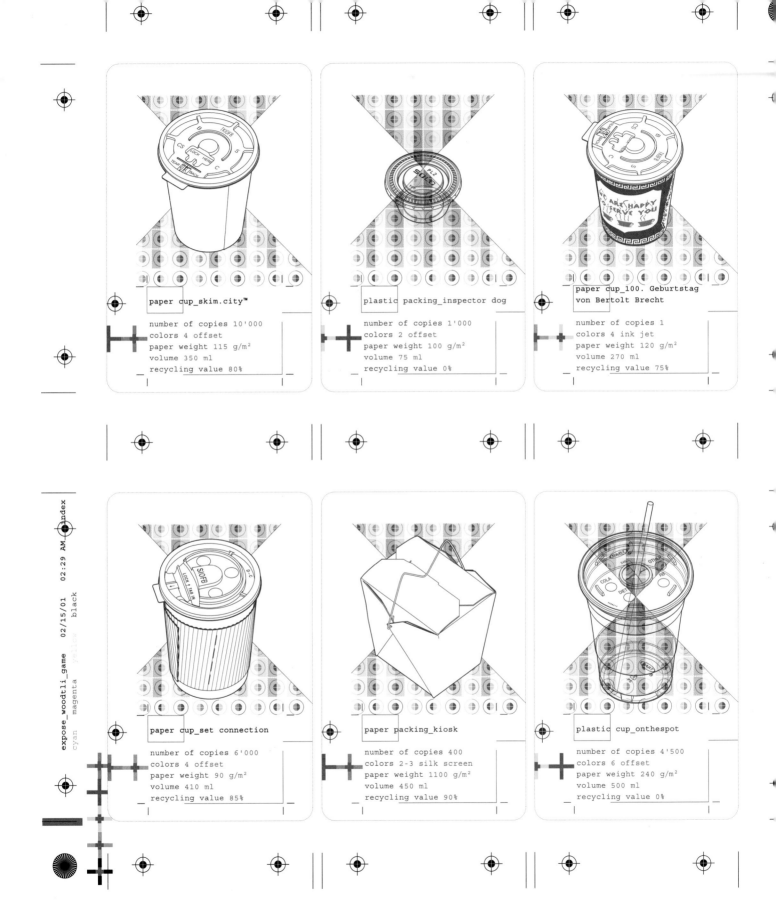

paper cup_skim.city™

number of copies 10'000
colors 4 offset
paper weight 115 g/m²
volume 350 ml
recycling value 80%

plastic packing_inspector dog

number of copies 1'000
colors 2 offset
paper weight 100 g/m²
volume 75 ml
recycling value 0%

paper cup_100. Geburtstag
von Bertolt Brecht

number of copies 1
colors 4 ink jet
paper weight 120 g/m²
volume 270 ml
recycling value 75%

paper cup_set connection

number of copies 6'000
colors 4 offset
paper weight 90 g/m²
volume 410 ml
recycling value 85%

paper packing_kiosk

number of copies 400
colors 2-3 silk screen
paper weight 1100 g/m²
volume 450 ml
recycling value 90%

plastic cup_onthespot

number of copies 4'500
colors 6 offset
paper weight 240 g/m²
volume 500 ml
recycling value 0%

woodtli_rules   ages 7 and up   2 to 6 players

Shuffle the cards and deal them out. Each player holds his cards as a closed pack so that only he (and nobody else) can see the top card. The player sitting on the left of the dealer starts. He chooses one of the pieces of information on his top card and reads it out, e.g. color-number. The other players in turn then read out the color-number on their top card. The person with the highest value gets the cards from the other players. It's now the turn of this winner to choose the next piece of information. The overall winner is the person who wins most or all of the cards.

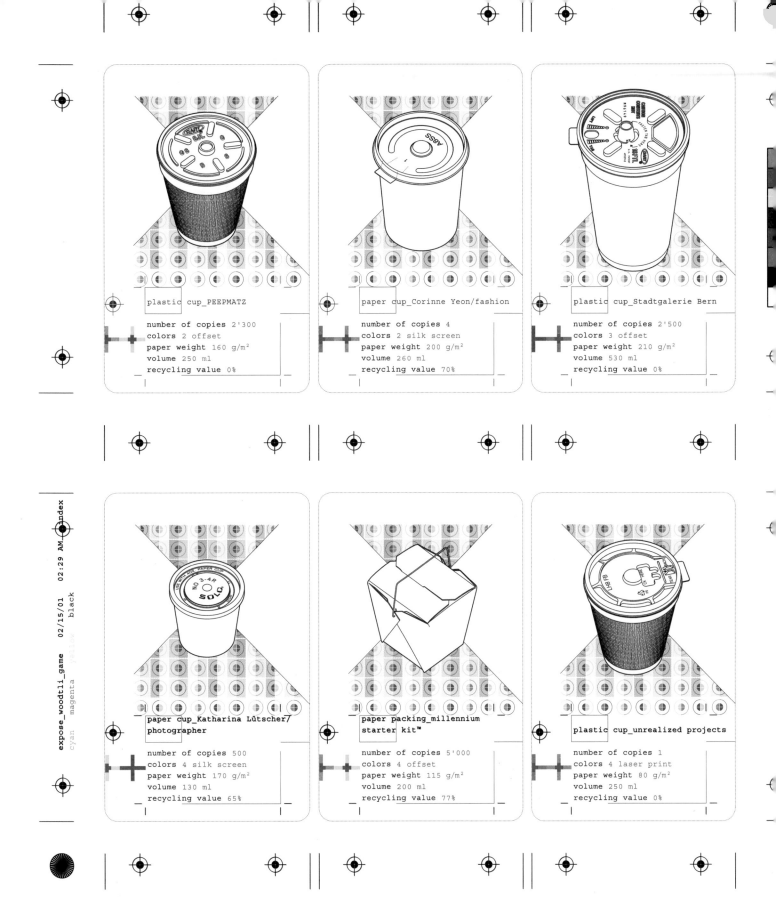

plastic cup_PEEPMATZ

number of copies 2'300
colors 2 offset
paper weight 160 g/m²
volume 250 ml
recycling value 0%

paper cup_Corinne Yeon/fashion

number of copies 4
colors 2 silk screen
paper weight 200 g/m²
volume 260 ml
recycling value 70%

plastic cup_Stadtgalerie Bern

number of copies 2'500
colors 3 offset
paper weight 210 g/m²
volume 530 ml
recycling value 0%

**paper cup_Katharina Lütscher/
photographer**

number of copies 500
colors 4 silk screen
paper weight 170 g/m²
volume 130 ml
recycling value 65%

**paper packing_millennium
starter kit™**

number of copies 5'000
colors 4 offset
paper weight 115 g/m²
volume 200 ml
recycling value 77%

plastic cup_unrealized projects

number of copies 1
colors 4 laser print
paper weight 80 g/m²
volume 250 ml
recycling value 0%

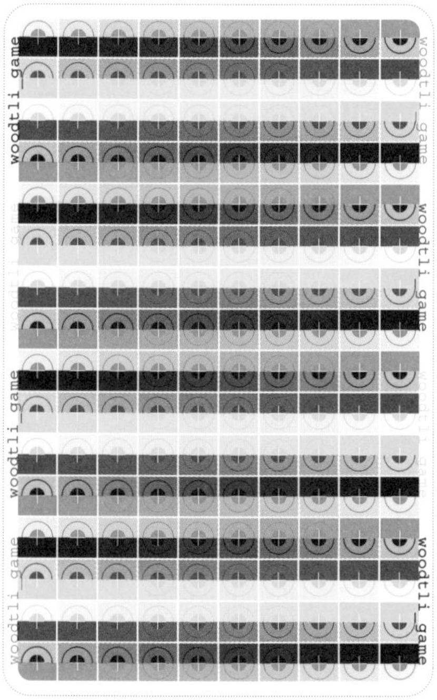
woodtli_game
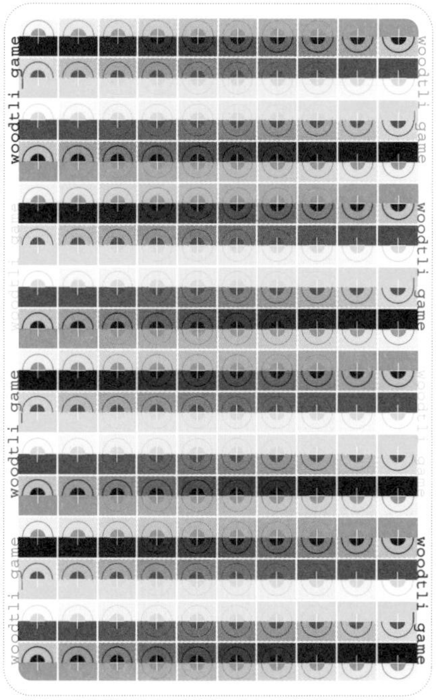
woodtli_game
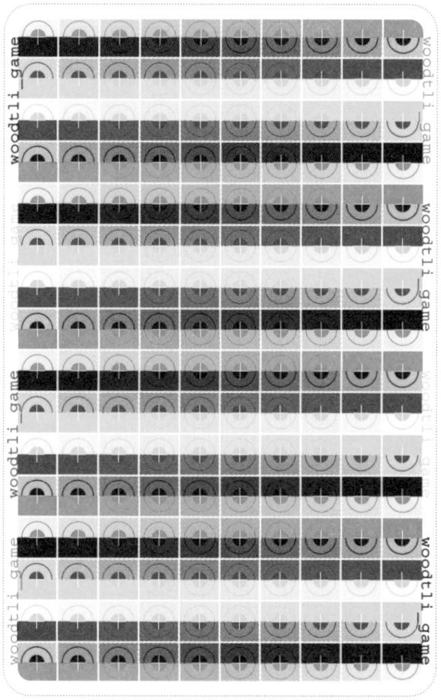
woodtli_game
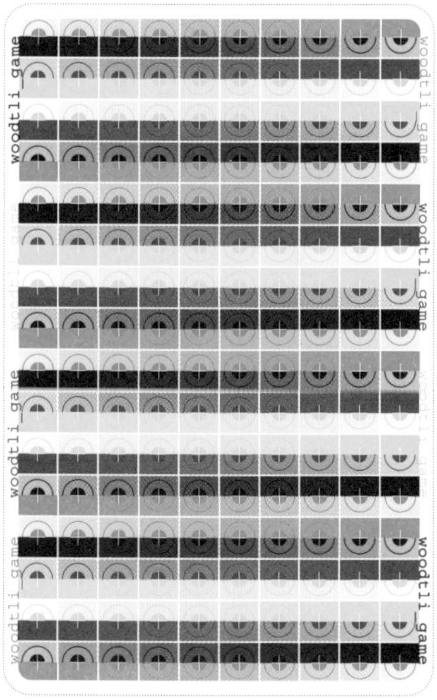
woodtli_game
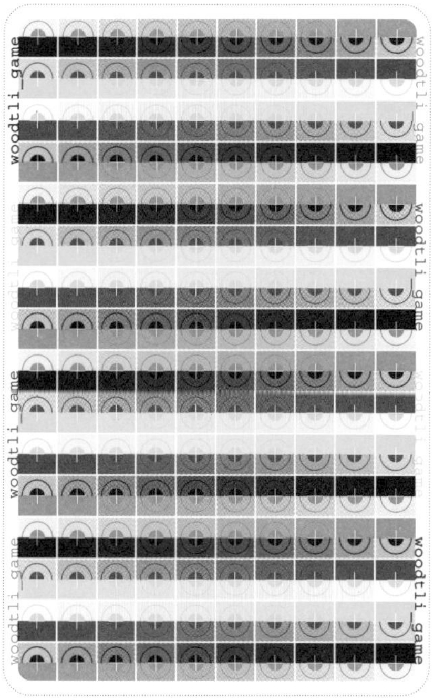
woodtli_game
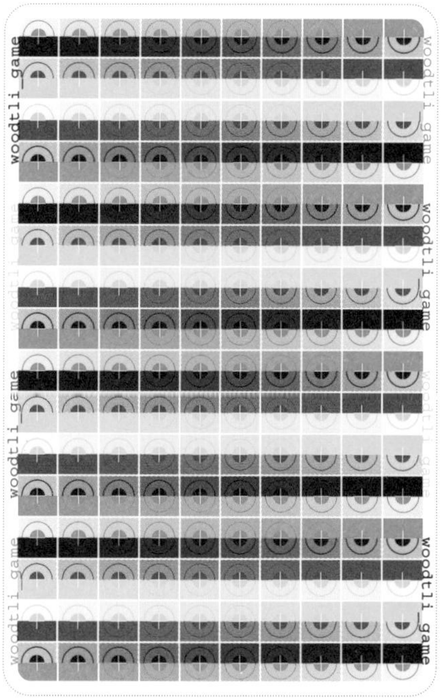
woodtli_game

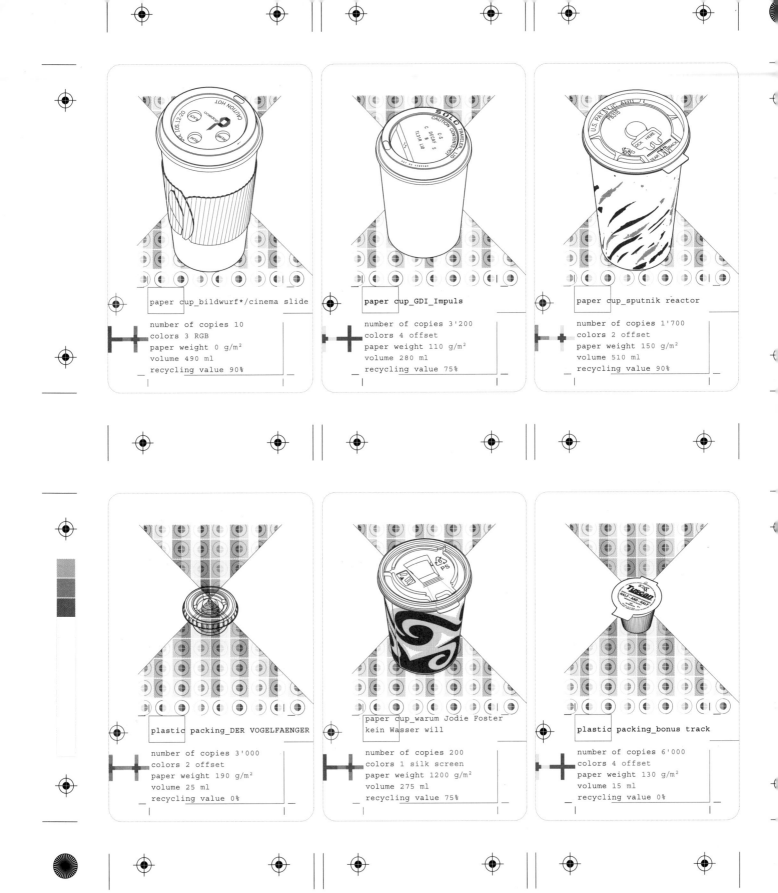

paper cup_bildwurf*/cinema slide

number of copies 10
colors 3 RGB
paper weight 0 g/m²
volume 490 ml
recycling value 90%

paper cup_GDI_Impuls

number of copies 3'200
colors 4 offset
paper weight 110 g/m²
volume 280 ml
recycling value 75%

paper cup_sputnik reactor

number of copies 1'700
colors 2 offset
paper weight 150 g/m²
volume 510 ml
recycling value 90%

plastic packing_DER VOGELFAENGER

number of copies 3'000
colors 2 offset
paper weight 190 g/m²
volume 25 ml
recycling value 0%

paper cup_warum Jodie Foster
kein Wasser will

number of copies 200
colors 1 silk screen
paper weight 1200 g/m²
volume 275 ml
recycling value 75%

plastic packing_bonus track

number of copies 6'000
colors 4 offset
paper weight 130 g/m²
volume 15 ml
recycling value 0%

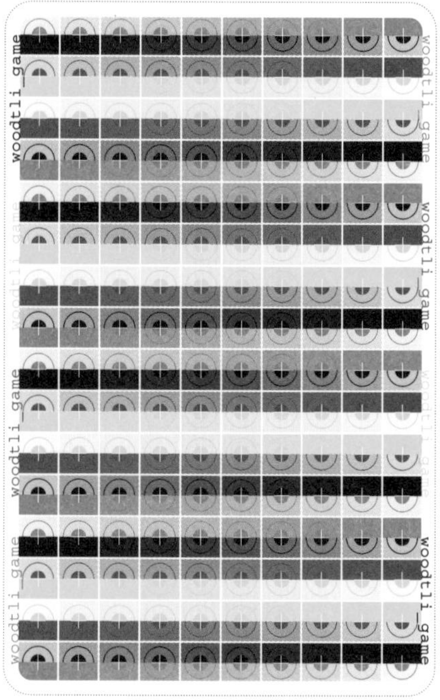
woodtli_game
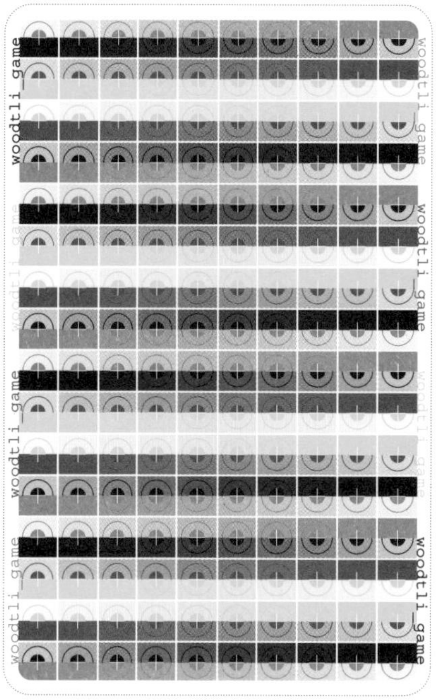
woodtli_game
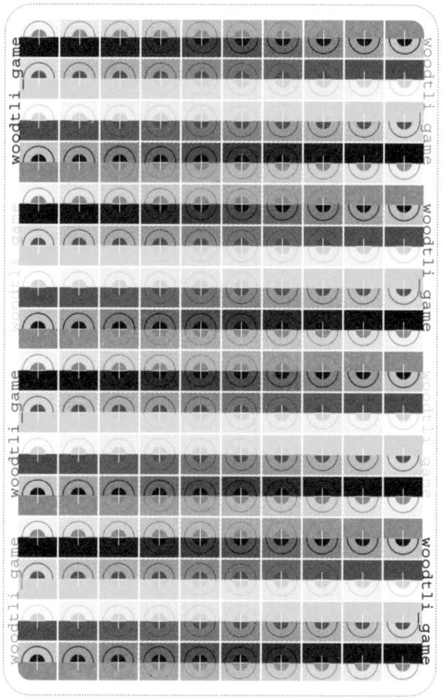
woodtli_game
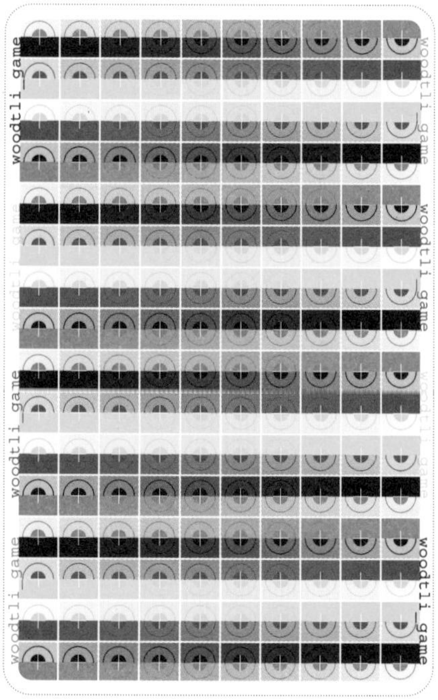
woodtli_game
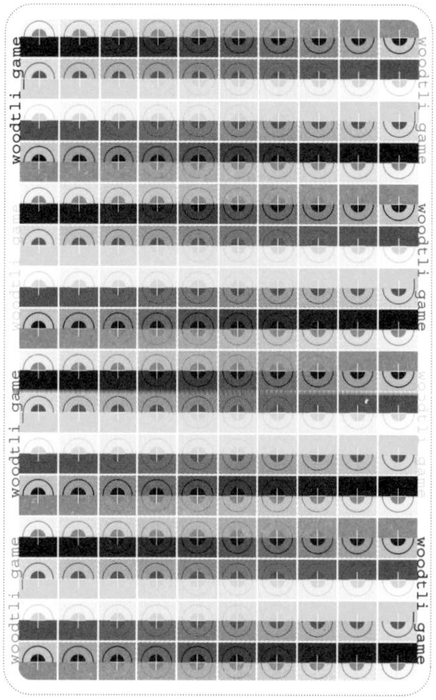
woodtli_game
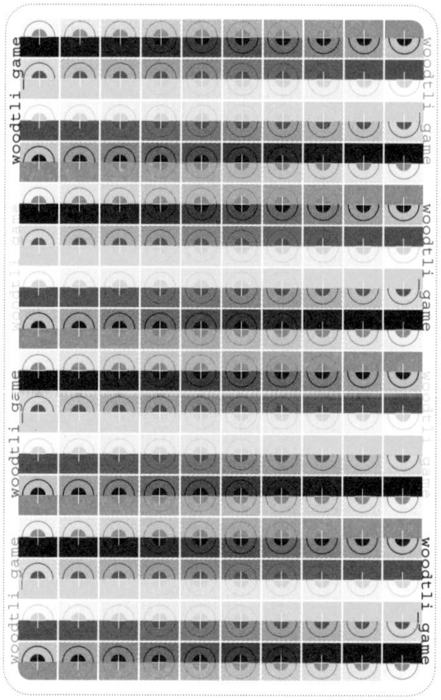
woodtli_game

Woodtli
By Martin Woodtli
Edited by R. Klanten, M. Mischler

Printed by Medialis Offset, Berlin
Made in Europe
Papers: Munken Lynx 130 g/m², Planoscript 70 g/m²,
Luxomagic 135 g/m²

My thanks go to all those who have supported me and
collaborated on this book. Special thanks to
Raphael Urweider (text of skim.city™ and MSK™) and
air_Philip Schaub (photo of Corinne Yeon/fashion)

Die Deutsche Bibliothek - CIP-Einheitsaufnahme

Woodtli, Martin:
Woodtli. - Berlin : Die-Gestalten-Verl., 2001
ISBN 3-931126-55-2

For your local dgv distributor please check out:
www.die-gestalten.de
verlag@die-gestalten.de

Martin Woodtli
www.woodt.li
martin@woodt.li

254'401   681'381   45'259   87'348   458'937   31'781   385'408   684'374   245'031   456'431   81'098   92'226   125'182   194